UMA NOVA MANEIRA DE PENSAR A VIDA

Copyright© 2020 by Literare Books International.
Todos os direitos desta edição são reservados à Literare Books International.

Presidente:
Mauricio Sita

Vice-presidente:
Alessandra Ksenhuck

Capa, projeto gráfico e diagramação:
Gabriel Uchima

Revisão:
Priscila Evangelista

Diretora de projetos:
Gleide Santos

Diretora executiva:
Julyana Rosa

Diretor de marketing:
Horacio Corral

Relacionamento com o cliente:
Claudia Pires

Impressão:
Impressul

Dados Internacionais de Catalogação na Publicação (CIP)
(eDOC BRASIL, Belo Horizonte/MG)

Q3n   Queiroz, Eugênio Sales.
      Uma nova maneira de pensar a vida / Eugênio Sales Queiroz. – São Paulo, SP: Literare Books International, 2020.
      15,8 x 22,8 cm

   ISBN 978-65-86939-73-6

   1. Literatura de não-ficção. 2. Realização pessoal. 3. Sucesso. I.Título.
                                                           CDD 158.2

Elaborado por Maurício Amormino Júnior – CRB6/2422

Literare Books International Ltda.
Rua Antônio Augusto Covello, 472 – Vila Mariana – São Paulo, SP.
CEP 01550-060
Fone: (0**11) 2659-0968
site: www.literarebooks.com.br
e-mail: contato@literarebooks.com.br

UMA NOVA MANEIRA DE PENSAR A VIDA

EUGÊNIO SALES QUEIROZ

PREFÁCIO
POR ÔMAR SOUKI

"Fica sempre um pouco de perfume nas mãos que oferecem rosas; nas mãos que sabem ser generosas." Assim Eugênio Sales finaliza, de forma magistral, esta obra que você está prestes a saborear. São conselhos práticos para a arte de viver. À medida que me aprofundava na leitura, percebia o quanto preciso mudar e adotar uma atitude mais proativa em minha jornada. Com o tempo, vamos acostumando-nos com certas rotinas e nos acomodamos dentro da famosa "zona de conforto".

Para mim foi um presente poder ler - em primeira mão - as mensagens positivas contidas neste livro. Adquiri novo ânimo para estabelecer e perseguir metas mais ambiciosas. E tenho certeza de que o mesmo irá acontecer com você.

Ele nos propõe perguntas instigantes, tais como: "Até que ponto estamos dispostos a continuar a vida apenas reagindo ao que nos acontece? Ou será que não está na hora de promover mudanças na nossa maneira de ser, de agir?". A tônica está na importância de adotarmos uma atitude mental positiva para promovermos mudanças nas principais dimensões de nossa existência: em nossas emoções, na nossa espiritualidade, em nosso intelecto e em nossa saúde física.

Eugênio Sales nos alerta para os obstáculos a vencer e como podem ser transformados em alavancas para a nossa própria superação. "É importante entender que problemas corriqueiros são inevitáveis; afinal, são eles que nos ensinam a termos mais disciplina, coragem e determinação para não desistirmos diante dos atropelos que inevitavelmente vamos enfrentar na vida".

O objetivo da obra é oferecer-nos um mapa para uma vida mais plena à medida que vamos reinventando-nos ao caminhar. Aponta para a necessidade que temos de adaptar-nos às mudanças que se nos apresentam a todo instante. Cita como exemplo as crises econômicas e a recente pandemia global. Sugere como principal instrumento a nossa força interior que advém do cultivo de uma espiritualidade sincera. Também se refere à Psicologia moderna que nos mostra a importância de sermos resilientes, isto é, termos a capacidade de adaptar-nos a novas situações - principalmente quando algo desastroso colhe-nos de surpresa. "Ser resiliente é saber que podemos até cair, mas não ficar no chão nos lamentando".

O mundo exige que estejamos abertos para novas ideias e disponíveis a realizar novos tipos de tarefa. Uma mente flexível aceita que perder ou ganhar faz parte da vida. Ao cultivarmos a flexibilidade, conseguimos ver que aquilo que realmente fará a diferença entre o sucesso e o fracasso não são as coisas que nos acontecem, mas a forma otimista de encarar tanto a adversidade, quanto a bonança.

O segredo é jamais prostrar-se diante dos desafios: "Pergunto sempre nas minhas palestras se as pessoas ali presentes consideram-se melhores ou piores do que há cinco anos e todos respondem que se sentem pessoas melhores hoje em dia. Sabe por quê? Porque caíram, tropeçaram, mas não desistiram e ainda assim aprenderam a defender-se dos acontecimentos negativos que ocorreram".

Por que será que algumas pessoas frente a enormes desafios se superam e vencem e outras, diante de obstáculos menores, acham-se incapazes de seguir adiante? O autor explica-nos que a diferença está naquilo em que acreditamos. Se você acredita que vai vencer, vencerá! E, por sua vez, nossas crenças alimentam nossos pensamentos, emoções, atitudes e ações. "Atitudes negativas têm um alto poder destruidor de sonhos pelo simples fato de querermos uma coisa e agirmos de forma totalmente contrária. Um exemplo é quando queremos subir de cargo na empresa e sabotamos um colega de trabalho. Lá na frente teremos a resposta da nossa atitude incongruente."

Concordo quando Sales toca na importância da gratidão. É uma atitude fundamental para atrairmos mais abundância, melhores relacionamentos, mais paz e amor em nossa trajetória. É preciso que sejamos gratos por podermos desfrutar desta incrível aventura chamada Vida. E importante também de nos lembrarmos de agradecer a Deus e a nós mesmos.

Em suas palavras: "Valorizar cada pequena vitória tem um efeito psicológico profundo em nossa vida, isso porque a nossa autoestima pode variar para mais ou para menos diante das dificuldades que vamos enfrentando". Ele destaca a atitude positiva de valorizarmos as vitórias já conquistadas. Principalmente, convida-nos a lembrar dos objetivos alcançados que achávamos impossível de atingir. Novos êxitos provêm dessa postura de gratidão ao Criador e a nós mesmos.

A obra instiga-nos a sermos corajosos para viver uma vida que valha a pena. "Coragem é o ato de saber que somos seres humanos dotados de inteligência divina e que não vamos desistir facilmente da vida. Ousadia é o ato de buscar novos horizontes, mesmo que não saibamos o que vamos encontrar pela frente. Determinação é o ato de jamais pensar em desistir quando tudo parece perdido. Fé é a alavanca principal para quem sabe o que quer e porque quer".

O autor oferece-nos preciosos conselhos, entre eles escolher com critério a quem revelar nossos sonhos e procurar bons livros. As pessoas com as quais convivemos podem inspirar-nos ou desanimar-nos. Por isso, é importante escolher bem amigos e confidentes. E salienta que "o hábito da leitura tem feito milagres na vida das pessoas. Por isso, leia, leia muito, incansavelmente".

Desejo que - ao ler este livro - ele também faça um milagre em sua vida!

**Ômar Souki,
Palestrante internacional e autor de diversos livros.**

APRESENTAÇÃO
POR ROGÉRIO CALDAS

Eugênio Sales é um ser humano vencedor, um realizador, um profissional a frente do seu tempo. As suas palestras e seus livros trazem sempre uma contribuição significativa, mensurável, para as pessoas que acompanham o seu trabalho.

Sua mensagem é concisa e pragmática; sem rodeios, vai direto ao ponto, mexendo com a cabeça dos seus leitores e seguidores.

Eugênio Sales notabiliza-se como um estudioso incansável das transformações pelas quais o mundo contemporâneo atravessa. Dotado de privilegiada inteligência e capacidade analítica, Eugênio Sales aponta saídas e soluções consistentes para pessoas e profissionais que já foram ou serão impactados pelas consequências abruptas que um mundo em constantes mudanças apresenta.

Eugênio Sales deixa claro que o futuro não é uma repetição do passado e que é preciso estar aberto para o choque e de mudanças, e chama sua atenção para as seguintes verdades incontestáveis: sucesso no passado não garante sucesso no presente. Você é julgado pelo sucesso que faz hoje, não pelo que fez ontem. Você precisa ter uma mente flexível, saber ouvir conselhos e críticas construtivas. Você tem que ser um profissional proativo e diga SIM para as mudanças. Essas atitudes emocionalmente inteligentes vão garantir a sua sobrevivência no mercado de trabalho e no mundo corporativo.

Uma nova maneira de pensar a vida é um livro recheado de "toques na cuca", o seu conteúdo vai injetar um novo ânimo em sua mente, em seu espírito. Você vai REAPAIXONAR-se por sua vida, pelo seu trabalho, por sua empresa. Compre esse livro, invista em seu cérebro, invista em sua carreira; o custo é baixo e o retorno é muito alto. Leia e releia esse livro. Os conceitos contidos nele serão alavancas para sua motivação. Bom proveito!

Parabéns, meu amigo, Eugênio Sales. Orgulho de ser nordestino e de ser pernambucano.

Rogério Caldas,
conferencista motivacional e escritor.

COMENTÁRIOS SOBRE O AUTOR

Falar de Eugênio Sales Queiroz é falar de otimismo, motivação e competência. Um homem que consegue andar por inúmeras áreas e, mesmo assim, desempenhar todas com excelência e ética. Sem dúvida, faz-nos refletir com seus livros, motiva-nos com suas palestras, orienta-nos como *Coach*, além de conquistar-nos com seu carisma e amizade. Eugênio para mim é sinônimo de sucesso e um exemplo de pessoa e profissional completo.

Ibiapino Da Silva Bezerra – Representante de vendas.

O Consultor Eugênio Sales, com sua maneira peculiar de passar as suas mensagens, tem contribuído muito para a qualificação profissional de colaboradores e empresários ao longo destes anos por todo Brasil, sempre abordando temas atualizados. E, de forma descontraída, consegue fixar os conceitos.

Parabéns, amigo Eugênio!

João Bezerra – Empresário.

Eugênio Sales Queiroz, um FAROL cheio de ENERGIA POSITIVA a iluminar o caminho de milhares de pessoas que estão buscando melhorar a qualidade de vida pessoal e profissional, mostrando sempre Uma Nova Maneira de Pensar a Vida e encontrar a felicidade em cada momento de nossas jornadas.

Romero Bernardino – Advogado.

Eugênio é um profissional multifacetado; motivador de vocações intrínsecas e propulsor de sonhos. Não vende ilusões; desperta os anseios já existentes na alma. Neste livro, mais reflexivo e intimista, reforça, com maestria, tudo o que vem semeando ao longo do seu profícuo trabalho, de viés quase missionário.

Goretti Queiroz – Poetisa.

Eugênio Sales é um daqueles profissionais que se reinventam e renovam-se diariamente. Um dos principais consultores do Nordeste é também símbolo de orgulho para mim e para Pernambuco.

Alberes Lopes – Secretário Estadual do Governo de Pernambuco – Secretaria do Trabalho, Emprego e Qualificação.

Eugênio Sales proporcionou à nossa empresa momentos de grande aprendizado, reflexão, autoconhecimento e emoção. Com certeza momentos inesquecíveis.

Fernando Silvestre – Empresário.

Tive a honra de conhecer o grande profissional Eugênio Sales Queiroz em um dos eventos mais emocionantes dos quais participei. Levamos, através da Associação Brasileira de Difusão do Livro, o projeto Fênix para a cidade de Gravatá, em Pernambuco, e na ocasião ele pode apresentar todo o seu conhecimento e experiência de mercado para compartilhar com centenas de profissionais que nunca tinham visto uma palestra ao vivo. Foi um dia de transformação e, com sua irreverência e palavras de fácil entendimento, pudemos ver a alegria e a energia que explodiam nos olhares atentos de cada profissional que lá estava, inclusive o meu!

É um grande profissional e um amigo atencioso e dedicado... Um mestre na arte de informar e encantar!!

Leandro Carvalho – Presidente da ABDL 2015/2019 – Presidente do Grupo Carvalho.

De Maestria, ética e sabedoria estão impregnados os escritos do Eugênio Sales. Ele consegue inspirar, motivar, indicar caminhos e soluções para as mais variadas situações do cotidiano do mundo corporativo e também para a vida.

Dilza Melo – Consultora de Gestão de Pessoas.

Eugênio Sales Queiroz, além de ser um excelente escritor e palestrante, é meu amigo! Uma pessoa que sempre nos enche de otimismo, seja nos seus textos, nos palcos da vida seja, simplesmente, na sua maneira de ser e de encarar o dia a dia com leveza e esperança em um futuro promissor!

Léa Renata – Jornalista.

Eugênio Sales! Sempre competente em seus treinamentos e palestras motivacionais, muito criativo, inspirador e simpático, envolve o público trazendo grandes resultados para as empresas com a motivação da equipe!

Sidney Torres Pinto – Empresário.

Ao longo dos anos venho acompanhando a trajetória bem-sucedida de Eugênio Sales, escritor e pensador talentoso, que tem dado importante contribuição na evolução profissional de empresários e dos seus colaboradores.

Andrerson Porto – Empresário, integrante do Conselho Regional Agreste da FIEPE e do Conselho Superior Deliberativo da ACIC.

Eugênio Sales Queiroz tem feito ao longo dos anos um extraordinário trabalho, seja com suas palestras seja com seus livros inspiradores. O otimismo e a forma eficiente e simples de inspirar o empreendedorismo têm sido sua marca ao longo de sua trajetória.
Parabéns amigo por mais esse trabalho.

Adjar Soares – Empresário.

Conheci essa figura ímpar como um colaborador dos meus trabalhos e como empresário. Mas que surpresa ele me fez! Com a sua forma simples e direta, com seu talento em envolver as pessoas e sua competência que só quem ama o que faz tem ele conseguiu conquistar a minha admiração como profissional e como pessoa.
Sucesso, amigo! Conte sempre comigo!

Alexandro Góes de Queiroz – Diretor Presidente do Grupo Avistão.

Falar sobre Eugênio Sales é falar de determinação, superação, perseverança, dedicação e competência com aquilo que se propõe a fazer. Não é à toa que ele faz parte do rol dos melhores palestrantes do país, sempre levando novos ensinamentos/técnicas e motivação ao público que o assiste nos mais diversos segmentos e, com certeza, estará apresentando em seu novo trabalho, Uma Nova Maneira de Pensar a Vida na pandemia e pós-pandemia. Leitura obrigatória.

Arquimedes Fabrício – Professor.

Eugênio Sales escreve da mesma forma que conversa. Não há subterfúgios. Isso é um facilitador para quem deseja clareza na leitura deste segmento editorial.

Almir Vilanova – Apresentador TV Asa Branca – Globo.

Um profissional extremamente competente e capacitado. Suas palestras, bem como seus livros, sempre com palavras sábias e oportunas, são motivadores e despertam em nós o desejo de darmos sempre o nosso melhor em tudo que buscamos fazer!

Paula Rios – Psicóloga e Coordenadora de RH.

Eugênio é um profissional de referência; busca sempre estar atualizado e inovando-se para cada vez mais trazer conteúdo, formação e motivação para seu público. Suas produções colaboram de maneira instrutiva para quem lê e sem dúvida provocam no leitor uma reflexão para que ele seja diferenciado no mercado. Esta nova obra trará uma provocação para reflexão sobre nossos momentos e, sem medo de errar, são momentos nunca vivenciados antes; e ele nos traz esta reflexão do que aprendemos com tudo isso! Parabéns, Eugênio, e obrigado por contribuir com a formação da sociedade. Gratidão!!!

Wallas Oliveira – Consultor Financeiro.

Um consultor excelente que vem contribuindo com toda a sua experiência para o desenvolvimento profissional, bem como o desenvolvimento das equipes em todo o Brasil. Desejo muito sucesso nas suas consultorias, palestras e no seu novo livro.

Michelliny Almeida – Gerente Senac Caruaru.

Eugênio Sales vem ao longo dos anos oferecendo um trabalho diferenciado como escritor e palestrante, sempre orientando empresas para um desenvolvimento melhor. Deus o abençoe sempre.

Mário Florêncio Do Nascimento Júnior – Empresário.

Vou usar duas palavras para falar de Eugênio Sales: qualidade e fluidez. Para mim, é essencial que um profissional esteja aberto para co-criar gerando entregas e buscando resultados assertivos. Assim é Eugênio que, além de tudo, é super apaixonado pelo seu trabalho e traduz sua autenticidade em tudo que faz.

Jackeline Galvão – Diretora da Intertotal.

Eugênio Sales tem o que todo palestrante gostaria de ter: uma grande paixão em tudo que faz, seja em escrever um novo livro, seja palestrar para um grande público. Continue sendo esse ser iluminado e nunca pare de transformar a vida das pessoas com seus conhecimentos.

Luiz Vicente – Master Coach.

Eugênio é um desses caras que cruzam nosso caminho tal qual uma estrela, que permanece e ilumina, traz luz para escuridão.

Carlos César – Contabilista e Escritor.

AGRADECIMENTOS

Um livro sempre é escrito num ato muito solitário. Mas para que o mesmo fique pronto, muitas pessoas acabam de uma forma ou de outra colaborando. E aqui eu registro meus sinceros agradecimentos ao amigo de longa data, Ômar Souki, que me deu a honra de prefaciar este livro.

Ao também amigo palestrante, Rogério Caldas, que teceu seu comentário nesta obra e que sempre foi um grande inspirador da minha carreira de palestrante.

Ao Dalmir Sant'anna, por também comentar a respeito deste livro.

Um agradecimento muito especial à querida amiga Jeane Camargo, por ter me convencido a escrever meu primeiro livro.

Aos colunistas Jaciara Fernandes, César Moraes e Thiago Lagos.

À toda a equipe do Jornal Vanguarda, nas pessoas de Léa Renata e Mércia Lyra, onde tenho uma coluna há vários anos.

AGRADECIMENTOS ESPECIAIS

Aos amigos e empresários que apoiaram esta obra:

Fernando Silvestre da Cadan Distribuidora.
João Cândido Jr. da Contabli.
Alexandro Goes de Queiroz da Rede de Supermercados Avistão.
Prefeito Adelmo de Itapetim-PE.
Mons. Olivaldo Pereira do Colégio Diocesano de Caruaru.
Mário Florêncio do Nascimento Júnior da Comercial Jr.
Alberes Lopes, Secretário do Governo de Pernambuco.
Clodoaldo Amorim e irmãos da Refrigerantes Rochedo.
Arão da Thalyta Presentes.
Ao casal Ibiabino e Cida da Tuboarte.
José Bezerra Filho.
Adolfo José, Rodolfo Silva, Mário Flávio e Renata Torres, da Rádio Cidade.

OFERECIMENTO

A todas as pessoas que estão sempre em busca de um novo sentido para suas vidas.

A minha amada filha, Júlia Caroline, que me inspira cada dia mais a desenvolver a arte de amar.

A minha linda esposa, Joelma Lucia, que sempre torce pelo meu sucesso e me acompanha em todos os momentos da minha vida.

Aos meus queridos irmãos, Dorinha, Queiroz, Luiz, Fátima, Maria do Carmo, Paulo Queiroz e Lúcia Queiroz.

A todos os meus sobrinhos e sobrinhos-netos.

As minhas queridas cunhadas, Maria Goretti, Gilva Andrade, Adriana e Silvana Pereira.

Ao meu cunhado e assessor, José Valter.

A minha querida sogra, Lindalva Pereira.

E a Luiz Henrique, por sua colaboração constante com o meu trabalho.

Ao amigo Marcos Jorge, por seu constante apoio.

E aos meus saudosos pais, José Queiroz e Juracy Queiroz.

POR QUE ESCREVI ESTE LIVRO

Depois de alguns anos escrevendo livros sobre aperfeiçoamento profissional, resolvi lançar esta obra para o desenvolvimento pessoal, pois acredito que o mundo vem passando por relevantes transformações e, se não trabalharmos a nossa autoestima, equilíbrio emocional, perseverança, podemos em algum momento travar e não mais conseguir viver a vida da forma como sonhamos e imaginamos.

Esta obra traz muitas reflexões e indagações sobre os mais variados temas com o intuito de você, leitor, fazer-se as perguntas necessárias para saber como está sua vida neste momento e como você planeja os próximos anos da sua jornada aqui na Terra.

Este livro precisa ser observado de forma mais ativa, ou seja, onde você poderá fazer uma análise completa da sua existência, das suas atitudes e das suas possíveis omissões; e saber se você está indo no caminho certo ou se precisa fazer alterações importantes quebrando alguns hábitos que não devem mais fazer parte da sua vida, adquirindo novos pensamentos para uma vida mais saudável mental, intelectual, espiritual e financeiramente.

Se achar pertinente, releia frases e pensamentos ou mesmo capítulos inteiros para autoanalisar-se de forma mais profunda. E mergulhe na leitura com o intuito de extrair o melhor para a sua existência. Tome as devidas providências para que sua vida tenha ainda mais significado e conquistas.

Desejo de todo o coração uma boa leitura para você.

SUMÁRIO

CAPÍTULO 1
ENTENDENDO OS PROCESSOS DA VIDA 31

CAPÍTULO 2
O PODER DA EMOÇÃO 35

CAPÍTULO 3
ATITUDES E PENSAMENTOS QUE ATRAPALHAM NOSSA VIDA 39

CAPÍTULO 4
OS PERIGOS DA AUTOSSABOTAGEM 43

CAPÍTULO 5
APROVEITANDO OS PROBLEMAS PARA AVANÇAR 49

CAPÍTULO 6
MANTENDO A MENTE ABERTA 53

CAPÍTULO 7
CONVIVENDO E APRENDENDO 57

CAPÍTULO 8
VALORIZANDO O QUE JÁ SE CONQUISTOU 61

CAPÍTULO 9
EVOLUINDO NA MANEIRA DE PENSAR 65

CAPÍTULO 10
O PODER DAS PERGUNTAS 69

CAPÍTULO 11
UMA MENTE FORTE 73

CAPÍTULO 12
USANDO O ENTUSIASMO DE FORMA ASSERTIVA 79

CAPÍTULO 13
QUANDO A TEMPESTADE PARECE QUE NÃO VAI PASSAR 83

CAPÍTULO 14
DESENVOLVENDO NOVOS HÁBITOS...87

CAPÍTULO 15
O PODER DA GENEROSIDADE 91

CAPÍTULO 16
UM ESFORÇO EXTRA FAZ TODA A DIFERENÇA 95

CAPÍTULO 17
O ESSENCIAL EM PRIMEIRO LUGAR 99

CAPÍTULO 18
DESCONGESTIONANDO A MENTE..103

CAPÍTULO 19
DESCOBRINDO NOVAS MANEIRAS DE VIVER.. 107

CAPÍTULO 20
QUANDO É PRECISO MUDAR 111

CAPÍTULO 21
QUANDO O CARISMA FAZ A DIFERENÇA...115

CAPÍTULO 22
NO MUNDO DOS ESTRESSADOS, QUEM TEM PACIÊNCIA É REI....................119

CAPÍTULO 23
PODEMOS MAIS DO QUE IMAGINAMOS 123

CAPÍTULO 24
VIVENDO INTENSAMENTE... 127

CAPÍTULO 25
A FORÇA NO PROPÓSITO DE VIDA 131

CAPÍTULO 26
O PODER QUE EXISTE NO AGIR...135

CAPÍTULO 27
DAS ANGÚSTIAS ÀS REALIZAÇÕES 139

CAPÍTULO 28
SÓ FORÇA DE VONTADE NÃO BASTA 143

CAPÍTULO 29
COMO ABASTECER-SE DE BOAS ENERGIAS 147

CAPÍTULO 30
O PODER DA CALMA EM MOMENTOS DE TURBULÊNCIAS.................151

CAPÍTULO 31
SER UMA PESSOA FLEXÍVEL FAZ TODA A DIFERENÇA 155

CAPÍTULO 32
QUÃO IMPORTANTE É SER ALTRUÍSTA 159

CAPÍTULO 33
NA PRESSA, NEM SEMPRE APROVEITAMOS O MELHOR DA VIDA 163

CAPÍTULO 34
QUANDO A QUEDA É GRANDE, A NOSSA FORÇA PRECISA SER MAIOR 167

CAPÍTULO 35
O QUÃO IMPORTANTE É CUIDAR DA PAZ INTERIOR 171

CAPÍTULO 36
LIVRANDO-SE DAS CRENÇAS LIMITANTES 175

CAPÍTULO 37
É NO SILÊNCIO QUE ENCONTRAMOS MUITAS RESPOSTAS 179

CAPÍTULO 38
DESCOMPLICANDO A PRÓPRIA VIDA..183

CAPÍTULO 39
DECIDINDO OS PRÓXIMOS PASSOS.. 187

CAPÍTULO 40
O VALOR DOS MOMENTOS 191

CAPÍTULO 41
O PODER DO AGRADECIMENTO 195

CAPÍTULO 42
PERSEVERAR SEMPRE 199

CAPÍTULO 43
CORAGEM PARA TOMAR DECISÕES 203

CAPÍTULO 44
BOA VONTADE EM SERVIR-DOAR... 207

CAPÍTULO 45
CONFIANÇA EM SI MESMO 211

CAPÍTULO 46
RELAXAR DE VEZ EM QUANDO FAZ BEM..215

CAPÍTULO 47
EXERCITANDO A PRÓPRIA FÉ 219

CAPÍTULO 48
COMO SER MAIS ALTRUÍSTA 223

MENSAGEM FINAL..227

BIBLIOGRAFIA 229

CAPÍTULO 1
ENTENDENDO OS PROCESSOS DA VIDA

Não é de hoje que a humanidade vem passando por mudanças profundas em sua evolução. Estamos vivendo uma época em que precisamos aprender – desaprender para aprender coisas novas o tempo todo. E quem não tiver a mente aberta para novos aprendizados, não conseguirá acompanhar o ritmo das mudanças.

Nunca doeu tanto ser feliz nos tempos atuais. Somos bombardeados o tempo todo por notícias catastróficas que abalam profundamente nossa autoestima. Percebemos também que certos valores estão sendo deixados de lado para poder "curtir" o momento e isso traz um preço alto demais.

A pergunta então é: até que ponto estamos dispostos a continuar a vida apenas reagindo ao que nos acontece? ou será que não está na hora de promover mudanças na nossa maneira de ser e de agir?

NÃO ADIANTA RECLAMARMOS DA VIDA EM SI SE NÃO ESTAMOS PROVIDENCIANDO AS MUDANÇAS TÃO NECESSÁRIAS PARA TERMOS UMA VIDA MAIS HARMÔNICA; MAIS FELIZ DE SER.

Também não adianta achar que o mundo está perdido e cruzarmos os braços; muito pelo contrário. Apesar de tantos atropelos, desafios e problemas diários, temos sim a capacidade de promover mudanças na nossa vida.

Perceba também que em várias áreas da nossa existência existem obstáculos a serem vencidos e são justamente esses desafios que nos mantêm alertas e motivados para caminharmos firmes em busca da tão sonhada felicidade. Por isso, é importante entender que problemas corriqueiros são inevitáveis; afinal, são eles que nos ensinam a termos mais disciplina, coragem e determinação para não desistirmos diante dos atropelos que inevitavelmente vamos enfrentar na vida.

É preciso força para vencer, mas, acima de tudo, fé para alimentar a nossa capacidade de superação. Para muitos, a melhor maneira é desistir e mudar de rumo, só que desistir nem sempre é a melhor solução, simplesmente porque problemas sempre existirão e fugir deles não é, e nunca será, uma atitude sensata.

VIVER EM PLENITUDE É SABER QUE TEMOS SIM A CAPACIDADE DE SEGUIR EM FRENTE, MESMO PRECISANDO NOS REINVENTAR O TEMPO TODO.

No mundo moderno, não é o mais inteligente que vence e sim aquele que consegue adaptar-se às radicais mudanças que nos são apresentadas. Outro detalhe a considerar é que somos dotados de força interior que precisa sempre ser observada e tratada bem, porque vamos sempre precisar dela. Força interior não é nada mais do que a capacidade de vencer os desafios que a vida vai nos apresentando e, quanto mais obstáculos vencermos, mais fortes seremos.

A Psicologia moderna fala muito hoje em sermos resilientes, que é a maneira que temos de "envergar", mas não quebrar quando algo desastroso acontece com cada um de nós. Ser resiliente é saber que podemos até cair, mas não ficar no chão lamentando-se e se achando o pior ser humano que já existiu.

Cada vez mais podemos avançar na vida, se soubermos o que queremos para nossa felicidade: ser mais simples e duradoura. Mas, infelizmente, há pessoas que procuram sempre um caminho mais fácil, acabando por arrepender-se depois. Isso não quer dizer que devemos procurar caminhos mais difíceis e complicados. Nada disso, pois a vida por si só já nos apresenta dificuldades cada vez que queremos ampliar nossos horizontes.

Lembre-se de quantos desafios você já venceu na vida porque se recusou a desistir e tantos outros onde você acabou não alcançando êxito por não usar de toda a sua capacidade interior. Mas a cada derrota fica sempre um aprendizado na vida e, se mantivermos a nossa mente ativa, vamos perceber que de tropeço em tropeço vamos avançando, contanto que a lamentação não faça parte do roteiro da nossa jornada; afinal, nem eu nem você conhecemos ninguém que venceu na vida queixando-se o tempo todo.

É impressionante também, quando estamos indo em busca dos nossos sonhos mais ousados, o quanto nossa autoestima sobe e desce e isso acontece apenas por sabermos que não somos seres humanos blindados; ao contrário, somos falhos. Mas a vida vai sempre nos ensinando algo novo que precisamos entender de uma forma que ainda não experimentamos.

Mente fechada é como um paraquedas fechado: não serve para nada.

Abrir a nossa consciência para o novo, o inusitado, é de suma importância para seguirmos adiante com uma determinação fora do comum; afinal de contas, perder e ganhar faz parte da nossa história e o que vamos fazer com nossa própria vida vai depender muito da nossa ação e reação com o que nos acontece.

Então, sejamos mais firmes em nossas decisões; mais práticos com o que queremos fazer da nossa própria vida. E que possamos simplificar tudo aquilo que pode ajudar-nos a vencer os desafios mais intrigantes que vamos certamente encontrar. Que jamais nos falte a capacidade de nos reinventar quando tudo parecer perdido.

CAPÍTULO 2
O PODER DA EMOÇÃO

Viver sem emoção é passar pela vida sem ter vivido. São as emoções que nos movem. Porém, como tudo na vida, existem as emoções positivas e as negativas e, pasme, precisamos das duas para aprendermos a viver melhor. Como assim? Pergunta você, intrigado com essa declaração. As emoções positivas nos mantêm motivados e energizados para irmos em busca dos nossos sonhos; nossos objetivos.

As principais emoções positivas, segundo Barbara Fredrickson, são: Alegria – Gratidão – Serenidade – Esperança – Diversão – Inspiração – Admiração e Amor. E são justamente essas emoções que nos dão uma força a mais para continuarmos. Sem elas, não sairíamos do lugar.

Já as emoções negativas têm o poder de nos chamar atenção de que algo não está indo bem. As principais emoções negativas são: Medo, Ansiedade, Covardia, Frustração, Perdas – Angústia – Derrotas, entre tantas outras.

Agora, quem deseja ser realmente feliz na vida vai precisar sempre aumentar o seu cabedal de emoções positivas e diminuir o máximo possível as negativas.

PERCEBA QUE EM CADA SITUAÇÃO DA VIDA REAGIMOS DE UMA MANEIRA DIFERENTE E, ASSIM, VAMOS CONSTRUINDO O NOSSO FUTURO EM NOSSO PRESENTE.

As emoções negativas nem sempre são tão destruidoras como pensamos. Elas servem como sirenes que nos informam que algo precisa ser melhorado; que algo não está indo bem. Cada emoção negativa carrega em si um sinal de aprendizado para quem estiver com a mente preparada para entender os processos da vida.

Vejamos como exemplo a emoção da Ansiedade, que para muitos é o mal do século XXI. Mas, se observarmos melhor, uma Ansiedade diante de um novo projeto, de um novo empreendimento, de um novo desafio, será sempre bem-vinda, porque vamos entender que precisamos preparar-nos melhor; prestar atenção aos detalhes.

Já a emoção do Medo tem o poder de paralisar quem não tem a menor ideia do que fazer com o que lhe acontece no dia a dia. Já quem tem planos bem definidos, sabe que o Medo faz parte e que, na dose certa, serve até como impulso.

Se nas emoções positivas sentimo-nos mais fortalecidos, com as emoções negativas vamos precisar redobrar nossa atenção para não deixar que as mesmas nos dominem. Alguém pode até argumentar que seria bom que na vida só existissem emoções boas e inspiradoras, mas como o ser humano conseguiria testar e provar sua força se não fossem as emoções contrárias? Emoções estas que vêm e vão sem serem convidadas.

Até num relacionamento a dois observamos que as emoções positivas (amor, carinho, atenção, reciprocidade) e as negativas (indiferença, ciúmes) nos testam o tempo todo. E a cada novo dia vamos descobrindo uma nova maneira de ser e de existir.

Excluir as emoções negativas da vida seria como imaginar um mundo sem problemas. Um mundo perfeito, mas na prática sabemos que não é bem assim.

A VIDA SEMPRE NOS SURPREENDE E PRECISAMOS USAR A NOSSA CAPACIDADE DE SUPERAÇÃO PARA NÃO DESISTIRMOS COM FACILIDADE.

Pergunto sempre nas minhas palestras se as pessoas ali presentes se consideram melhores ou piores do que há cinco anos e todos respondem que se sentem pessoas melhores hoje em dia. Sabe por quê? Porque caíram, tropeçaram, mas não desistiram e ainda assim aprenderam a defender-se dos acontecimentos negativos que lhe ocorreram.

Por isso que não adianta ficarmos achando que as emoções negativas são destruidoras de sonhos; ao contrário, elas são importantíssimas para que aprendamos a avançar cada vez mais firmes rumo aos nossos anseios mais ambiciosos.

No mundo altamente complexo de hoje vai mais longe quem não duvida das suas capacidades e segue mais forte do que nunca quando forças opostas tentam minguar suas energias. Coragem é o ato de saber que somos seres humanos dotados de inteligência divina e que não vamos desistir facilmente da vida.

Ousadia é o ato de buscar novos horizontes, mesmo que não saibamos o que vamos encontrar pela frente. Determinação é o ato de jamais pensar em desistir quando tudo parece perdido. Fé é a alavanca principal para quem sabe o que quer e por que quer. Vitória é para quem se recusou a sentir-se um coitadinho e foi lá e conquistou o seu sonho.

E, você nesse momento da sua vida, quais são as emoções positivas que tem mais usado e quais as negativas que precisa ter mais cuidado para não ver seus sonhos escorrem pelos dedos?

Podemos sim fazer das emoções opostas um trampolim para o sucesso pessoal e profissional.

Para isso, precisamos pagar o preço. Devemos entender que somos mais do que fazedores de tarefas; somos pessoas que desejam viver em plenitude, até porque ganhar e perder faz parte da vida aqui na Terra.

> "Um Campeão se nota na derrota, na força pra lutar quando já cansou."
> (Letra da música Volta ao Começo de Fábio Jr.)

CAPÍTULO 3
ATITUDES E PENSAMENTOS QUE ATRAPALHAM NOSSA VIDA

Quem não quer ser uma pessoa realizada na vida? Esta pergunta parece ter uma resposta óbvia, mas na prática muitas pessoas têm atitudes, digamos, depreciativas sobre si mesmas e paralisam no tempo e no espaço. Algumas atitudes negativas têm um poder autodestrutivo e que muitas vezes nem percebemos.

Quem nunca disse frases do tipo: "Eu não vou conseguir", "Não sou merecedor de tal feito", "A culpa é sempre minha", "A vida não é fácil para mim", "Não tenho sorte", "Não sou bom o suficiente", não... São frases que às vezes são ditas sem muita consciência e, como o nosso subconsciente aceita tudo como verdade, vamos nos frustrando ao longo da nossa existência.

O MUNDO CONSPIRA A FAVOR OU CONTRA DEPENDENDO DA NOSSA CAPACIDADE MENTAL DE ACEITAR O QUE NOS ACONTECE.

Há pessoas que diante de enormes desafios se superam e vencem. Já outras com obstáculos bem menores se acham incapazes de seguir adiante. Tanto nossos pensamentos, como também nossas atitudes, influenciam bastante no nosso caminhar.

Atitudes negativas têm um alto poder destruidor de sonhos, pelo simples fato de querermos uma coisa e agirmos de forma totalmente contrária. Um exemplo é quando queremos subir de cargo na empresa e sabotamos um colega de trabalho; lá na frente teremos a resposta da nossa atitude incongruente. Melhores chances de alcançar êxito nos seus projetos, sejam eles pessoais, sejam profissionais, como exemplo, é aquele professor que ministra uma aula com toda sua desenvoltura para encantar seus alunos.

Já os pensamentos que mais atrapalham a nossa vida são aqueles que têm doses altas de autodepreciação; que não fazemos nada para combatê-los. São pensamentos que tentam minguar a nossa força interior. Indivíduos com baixa autoestima infelizmente são contaminados facilmente por esse "vírus" que apenas tira até a última gota de energia positiva que precisamos para avançar na vida.

Então, o que fazer para "blindar" a nossa mente de pensamentos e atitudes que apenas atrapalham nossos sonhos?

UMA AÇÃO BEM SENSATA É VIGIAR SEUS PRÓPRIOS PENSAMENTOS, OU SEJA, É NÃO SE DEIXAR INVADIR COM PENSAMENTOS QUE VOCÊ NÃO GOSTARIA DE TÊ-LOS, POIS SABE QUE OS MESMOS, ALÉM DE NÃO AJUDAR, ATRAPALHAM SEUS PROJETOS.

Outra atitude poderosa é escolher bem a quem contar seus sonhos, pois pessoas que não alcançaram seus objetivos podem também querer destruir os dos outros. Procurar livros inspiradores também é uma atitude importante; afinal de contas, livros bem escolhidos servem como uma alavanca para não desistirmos quando tudo parece perdido. O hábito da leitura tem feito milagres na vida das pessoas. Por isso, leia, leia muito, incansavelmente.

E outra ação que você pode realizar já é procurar conversar com pessoas mais experientes que possam somar com você, pois saiba que essas pessoas que já chegaram aonde você quer chegar, sabem muito bem o caminho das pedras e podem lhe dar dicas preciosas para você não perder tempo.

Lembre-se de que a vida é de quem faz mais. Prepare-se melhor para aonde realmente quer chegar. Vigie seus pensamentos e, diuturnamente, suas atitudes; caso contrário, você pode frustrar-

-se por estar negligenciando as próprias ações. Faça mais. Realize mais. Simplifique mais.

E SE RECUSE A FICAR PARALISADO DIANTE DOS PROBLEMAS QUE INEVITAVELMENTE VÃO OCORRER NA SUA VIDA.

Você deve ir mais longe. Você merece o pódio. Você merece conquistar tudo o que a vida tem de melhor.

CAPÍTULO 4
OS PERIGOS DA AUTOSSABOTAGEM

No processo de *Coaching*, um dos temas mais trabalhados é justamente a questão da pessoa autossabotar-se, ou seja, prejudicar a si mesmo por vários fatores, entre eles, traumas de infância, bloqueios mentais, autoestima baixa, medo de passar vexame, medo de tentar e fracassar.

A autossabotagem acontece no exato momento em que a pessoa prefere não arriscar e ficar na sua zona de acomodação. E, mesmo sabendo que está perdendo, deixando de realizar seus sonhos, alcançar suas metas, o autossabotador da própria vida muitas vezes nem percebe que é ele mesmo que está se prejudicando.

E como tudo na vida, a autossabotagem tem cura, tem solução. Mas para isso o indivíduo vai precisar conhecer-se um pouco mais. Seja num consultório de um psicólogo, seja numa sessão de *Coaching*, o importante nesses processos é abrir-se, afrontar-se e não ter medo de ter medo; não ter vergonha de encontrar-se e descobrir novas maneiras para quebrar paradigmas que, muitas vezes, não têm a menor razão de ser.

Há pessoas para quem até hoje um simples apelido de infância incomoda. Isso acontece porque ela não foi corajosa suficientemente para não aceitar tal situação. Nos tempos atuais, existe solução sim para o ser humano enfrentar seus próprios bloqueios e aceitar-se melhor; caso contrário, vai aceitar coisas negativas na sua vida e que vão afetar diretamente sua autoestima.

QUALQUER DESCUIDO SOBRE A AUTOSSABOTAGEM É PERIGOSO, PORQUE A MESMA TEM UM ALTO PODER DE DESTRUIÇÃO.

A autossabotagem é capaz de provocar grande estrago nos relacionamentos, bem como na execução de tarefas profissionais, pois aquela vozinha dentro da cabeça fica incomodando: "você não é capaz", "você nasceu assim e vai morrer assim, "desista, isso não é para você", "procure outra profissão, nessa você vai se dar mal", entre tantas mensagens negativas que o próprio cérebro envia para a pessoa nem sequer tentar.

Porém, a partir do momento em que a pessoa nota que está totalmente contaminada pela autossabotagem, ela pode sim mudar radicalmente a sua vida. Já atendi muitas pessoas no processo de *Coaching* e verdadeiros milagres acontecem quando o indivíduo entende que tudo que ele aceita como verdade tende a perpetuar-se em sua existência e é exatamente aí que as coisas começam a mudar para melhor.

Eu, por exemplo, quando estava escrevendo meu primeiro livro todo empolgado, ouvia conselhos de que isso não era para mim. Alguns chegavam até a zombar perguntando: "alguém vai comprar seus livros?". Hoje tenho vários livros lançados no Brasil e em diversos países. Mas se eu tivesse escutado os maldosos conselhos, teria desistido.

Com certeza, vamos passar por situações na vida em que a autossabotagem deseja tomar conta da nossa mente. Assim como no nosso computador, precisamos ter um antivírus atualizado para não nos deixarmos vencer.

CHAMO DE ANTIVÍRUS PESSOAL AQUELA DOSE EXTRA DE ATITUDE QUE PRECISAMOS TOMAR QUANDO AS SITUAÇÕES SÃO ADVERSAS; QUANDO TUDO PARECE PERDIDO E QUE NÃO VAMOS CONQUISTAR O NOSSO OBJETIVO.

Uma pessoa que procura meios para ser feliz e realizadora dos seus próprios sonhos, não pode desistir nem se deixar trair pelos pensamentos intrusos da própria mente. Ousadia e coragem são duas forças propulsoras que geram uma energia extra para continuarmos a jornada diária; afinal de contas, quem sabe o que quer da vida vai mais longe.

Por essas razões citadas é tão importante a pessoa passar pelo processo de *Coaching* para descobrir-se e, em alguns casos, redescobrir-se, pois, com tantos desafios na vida, nossas forças precisam ser renovadas. E o processo de *Coaching* estimula e provoca um crescimento interior inimaginável, porque é no nosso interior que reside a nossa força máxima; aquela força extra que precisamos para avançar mais, crescer mais e nos iluminar mais.

OS DESAFIOS DA VIDA PODEM ATÉ ASSUSTAR, MAS ELES SERVEM DE TRAMPOLIM PARA QUE POSSAMOS AMADURECER.

OS OBSTÁCULOS SERVEM PARA PERCEBERMOS QUE TEMOS QUE MELHORAR E QUE RECLAMAR NÃO É UMA ATITUDE SENSATA.

Dificuldades sempre vão aparecer e que tal fazer delas um trampolim para o sucesso? Se ainda não conseguimos atingir nossos objetivos mais ousados é porque ainda nos falta algo a aprender. Daí nasce a importância de manter a mente sempre alerta para os percalços e aprendizados da vida.

Perceba que grandes empresários, esportistas, cantores etc. passaram por grandes tentações para desistir, mas foram persistentes e, por isso, obtiveram resultados tão positivos em suas carreiras profissionais. Que a partir de hoje possamos prestar mais atenção à autossabotagem que tanto tenta tirar-nos o sono e que tanto nos enfraquece. Vamos enfrentá-la com disposição e sabedoria. Não vamos temer aquilo que ainda não aconteceu, mas nos preparar melhor. Vamos aprender que todos os problemas da nossa existência estão ali apenas para que aprendamos a viver cada dia melhor.

CAPÍTULO 5
APROVEITANDO OS PROBLEMAS PARA AVANÇAR

Quem não tem problema na vida, vive uma vida sem sentido; afinal de contas, são exatamente os problemas diários que nos mantêm vivos.

SÃO OS DESAFIOS DIÁRIOS QUE NOS AJUDAM A EQUILIBRAR NOSSOS SENTIMENTOS, QUE VÃO DESDE AS DECEPÇÕES ÀS CONQUISTAS MAIS VALIOSAS.

Os problemas são, de fato, algo positivo que nos acontece para que não fiquemos na nossa eterna zona de conforto. Isso porque uma pessoa que não tem problemas para serem resolvidos vive por viver e não consegue desfrutar do doce saber das vitórias que vamos acumulando durante a nossa jornada aqui na Terra.

Na realidade, somente através dos problemas que enfrentamos é que vamos amadurecendo nossos sentimentos, nossas atitudes, porque a cada desafio que vencemos sabemos o quanto valeu a pena batalhar pela vitória; pela conquista.

Mas não podemos piorar os nossos problemas. Como assim?, pergunta você, leitor(a). O que quero dizer é que o problema em si muitas vezes é altamente desgastante e nós não podemos sentir-mo-nos diminuídos só porque precisamos vencer esse desafio. Ao contrário, precisamos sim nos esforçar o quanto antes para aliviar toda aquela carga que está nos perturbando, nos incomodando e que sabemos que precisamos de uma solução clara e objetiva.

Porém, muitas pessoas acabam complexando ainda mais a própria vida, simplesmente porque usam de toda uma negatividade intrínseca para complicar a situação que estão vivendo no momento. São aquelas pessoas que acham que o mundo esqueceu delas; que, se chover dinheiro, cai uma pedra na sua cabeça.

Por isso que é tão importante dividir um problema-desafio em etapas para poder ir vencendo os obstáculos um a um. Não adianta querer bancar o esperto e tentar resolver o problema de qualquer maneira. No caso, o resultado será a frustração e o desânimo, sem contar que pode, e muito, aumentar a situação complicada que já está vivendo.

Em momentos assim, é preciso usar da emoção positiva, do poder da calma e do bom senso para ir resolvendo o que puder no momento, sabendo e entendo que tudo na vida tem solução. Sem contar que podemos aprender, e muito, com cada problema resolvido.

Somos hoje o resultado da média dos problemas e desafios que vencemos no passado, já que ninguém amadurece em todos os sentidos da vida sem enfrentar os mais complicados problemas que a vida oferece de forma natural.

VIVER LAMENTANDO-SE, RECLAMANDO E MALDIZENDO NÃO É UMA ATITUDE INTELIGENTE; AO CONTRÁRIO, VITIMIZAR-SE PODE ATRAPALHAR, E MUITO, O PROGRESSO DA NOSSA VIDA.

Usar sua energia e suas atitudes positivas pode tirar a pessoa do sofrimento que está passando mais rápido do que se imagina. Mas é claro que alguns problemas demoram mais para serem resolvidos, enquanto que outros levam bem menos tempo.

No mundo da velocidade em que vivemos, ninguém quer perder tempo com nada, então vive apressando o próprio passo e o resultado muitas vezes é uma vida cheia de problemas, cheia de complicações pelo simples fato de querer tudo para agora e do seu jeito. Porém, quem usa da calma e da benevolência sabe que todo problema tem solução e que tudo acontece ao seu tempo. Não adianta tentar adiantar as horas do relógio para ver todos os seus problemas resolvidos; essa definitivamente não é uma atitude sensata.

Outra maneira de entender os desafios da vida avançando. Precisamos estar sempre em movimento; caso contrário, podemos viver uma vida neutra, sem emoção alguma. Também vale ressaltar que somos seres humanos falhos e que nem tudo sai como queríamos, mas que cada situação que nos acontece está nos ensinando algo novo de que não sabíamos ainda.

CADA APRENDIZADO VALORIZADO É DE SUMA IMPORTÂNCIA PARA QUEM QUER SER FELIZ E ALMEJA SONHOS MAIORES.

Podemos fazer dos nossos problemas uma escada para o nosso sucesso. Vamos aos poucos quebrando velhos paradigmas que apenas atrofiam nossas forças. Todo obstáculo que enfrentamos, precisamos entender que tem algo mais à frente que vamos gostar de conquistar; afinal, nós, seres humanos, temos o costume de valorizar mais aquilo que conquistamos com muito esforço e suor, não é mesmo?

Aproveite cada dificuldade que enfrentar para crescer, amadurecer e, claro, para fortalecer-se, pois você pode muito mais do que já conseguiu até aqui. Força, coragem e fé para não perder o ânimo diante dos desafios da vida.

CAPÍTULO 6
MANTENDO A MENTE ABERTA

Com a velocidade das mudanças pelas quais o mundo vem passando nesses últimos 30 anos, vamos precisar cada vez mais manter a nossa mente aberta para aprender-desaprender para aprender coisas novas. Isso é importante tanto no lado pessoal quanto em nossa vida profissional.

NÃO ADIANTA MAIS DARMOS DESCULPAS DE QUE JÁ SABEMOS DE TUDO, QUE O MUNDO É ASSIM MESMO, QUE SOMOS ASSIM ETC. ISSO NÃO COLA MAIS.

Para viver uma vida cada vez melhor em todos os sentidos é preciso ter a consciência de que, independentemente de tudo o que nos acontece, seja para o bem, seja para o mal, sempre teremos desafios a vencer. E, a cada novo desafio vencido, o aprendizado estará presente para quem realmente tem uma mente aberta.

Em outros tempos em que as mudanças aconteciam de forma vagarosa, não era necessário aprendermos coisas novas com tanta pressa; afinal de contas, tudo era mais lento. Já nos dias atuais, em que até o *Android* do nosso celular muda ano após ano, vamos, sim, precisar mudar nossas atitudes com o passar dos anos, quebrando correntes que nos aprisionam no passado, pois a síndrome da Gabriela não nos serve mais.

Somos seres em evolução. Somos pessoas que aprendem e desaprendem para aprender coisas novas todos os dias, meses, anos. No mundo da agitação em que estamos vivendo, ter uma mente preparada para assimilar e fazer parte das mudanças é de uma importância enorme; caso contrário, vamos perder tempo com respostas que não nos servem mais. Vamos brigar com o mundo e com as pessoas defendendo teorias absolutamente ultrapassadas.

Claro que não é necessário mudar por mudar, pois cada mudança em nossa maneira de pensar e de agir precisa estar baseada em algo que vá nos ajudar a sermos mais felizes e realizados com as nossas próprias atitudes.

TODA MUDANÇA SEMPRE SERÁ BEM-VINDA QUANDO ESTIVERMOS CONSCIENTES DE QUE ALGO PRECISA MUDAR E PARA MELHOR.

Fechar-nos no nosso mundo não é algo positivo a se fazer, pois podemos pagar um preço alto demais que pode, com certeza, custar a nossa própria vida. É bom entendermos também que toda mudança pode causar-nos constrangimento, desapontamento, mas é preciso levar em conta que mudar de atitude, de pensamento e até mesmo de estilo de vida, é algo superimportante que precisamos vez por outra realizar, caso sentirmos a necessidade de dar mais valor e progresso à nossa vida.

E como podemos manter a nossa mente mais aberta? Procurando observar tudo o que nos acontece de forma mais imparcial, ou seja, sem dar muita desculpa e partir imediatamente para a ação.

Por exemplo: uma pessoa que de repente perde um ótimo emprego que tinha com um salário de R$ 10.000,00 por mês precisa perceber rapidamente que não adianta lamentar-se e que terá pouco tempo para dar a volta por cima, ou seja, vai precisar olhar o mercado de trabalho com outros olhos, quem sabe vai precisar reciclar seus conhecimentos, ou mesmo montar o próprio negócio. A pessoa que reagir mais rápido diante de uma situação como essa colherá resultados mais promissores do que aqueles que vão passar muito tempo lamentando-se com o que lhes ocorreu.

Quem sabe o que quer da vida, vai sempre saber o que precisa ser feito quando algo desastroso lhe acontecer, até porque não somos donos da verdade, mas somos donos da nossa vida e precisamos valorizar tudo aquilo que nos acontece, seja de bom, ou não.

Então, não vamos perder mais tempo nessa vida tão breve que temos. Que não nos falte determinação e ousadia na nossa jornada, pois podemos e merecemos mais do que já conseguimos.

O SUCESSO E A FELICIDADE PERTENCEM A QUEM NÃO SE LAMENTA E FAZ POR ONDE MERECER.

Cair todo mundo cai; levantar-se mais rápido é apenas para os que se recusam a ficar no chão. Basta você lembrar-se de quantas perdas já teve na vida e o que cada uma delas lhe ensinou. Recuse-se a ser uma pessoa negativa. Use de todas as suas habilidades para avançar cada vez que a vida lhe der uma rasteira.

CAPÍTULO 7
CONVIVENDO E APRENDENDO

P ara viver bem, é preciso cada dia mais aprender a conviver com as pessoas; afinal de contas, cada ser humano pensa e age diferentemente do outro. E, se não tivermos habilidade, em especial na comunicação, teremos sempre problemas para lidar com as pessoas.

CONVIVER BEM É UMA ARTE QUE TODOS NÓS PODEMOS DESENVOLVER COM O PASSAR DO TEMPO. E QUEM SOUBER RESPEITAR AS PESSOAS COMO ELAS SÃO, OBTERÁ MELHORES RESULTADOS EM SUA CONVIVÊNCIA DIÁRIA.

Infelizmente, nem sempre encontramos pessoas dispostas a aprender a arte da convivência. Vemos com mais facilidade aquelas que apenas julgam ou que querem que os outros mudem seus comportamentos, mas estas mesmas pessoas não querem e não aceitam mudar os seus hábitos que muitas vezes prejudicam a si mesmas e as outras.

Para convivermos bem, precisamos ser mais desprovidos de certas vaidades que atrapalham, e muito, os relacionamentos que precisamos manter, seja na família, no trabalho seja na comunidade como um todo. Como sabemos, cada cabeça é um mundo, como já diziam os antigos. Por essa simples razão, não precisamos forçar mudanças nas pessoas se nós mesmos não aceitamos mudar.

Porém, acredito que se usarmos verdadeiramente melhor a nossa percepção de vida, vamos conviver com mais parcimônia e não teremos tantos conflitos nos nossos relacionamentos. Na prática, seria respeitar a opinião do outro, o estado emocional das pessoas. Como diz o psicólogo e escritor Daniel Goleman, usar da inteligência emocional para viver melhor consigo mesmo, com as pessoas e com o universo.

Claro que conflitos nos nossos relacionamentos estarão sempre presentes, mas podemos minimizar certas situações se observarmos e respeitarmos mais a maneira de ser de cada pessoa com que nos relacionamos. E digo mais: vive melhor quem controla suas próprias atitudes e não tenta controlar o mundo a sua volta, até porque não conseguirá mudar ninguém.

Então, sugiro aqui algumas técnicas para usar diante de alguns conflitos de relacionamento, com quem quer que seja, tomando atitudes mais assertivas:

- Escolha o momento ideal para conversar e apontar pontos de melhoria em relação ao problema em si;
- Deixe a vaidade de lado se quiser ver o problema solucionado;
- Respeite a opinião do outro;
- Fale do seu ponto de vista sem denegrir a outra pessoa;
- Quando for necessário, assuma seus erros e prometa somente o que puder cumprir daqui por diante;
- Escute o outro com muita atenção, principalmente procure ouvir o que o outro não está conseguindo exprimir com palavras. Essa é uma habilidade importantíssima que precisa ser treinada sempre.

Como vimos, viver e conviver com as pessoas requer de nós paciência e inteligência para evitarmos conflitos desnecessários e que muitas vezes geram desconfiança e inimizades que poderiam ser resolvidos de outra maneira. E lembre-se: quanto mais empatia você gerar nas pessoas com as quais convive, melhor serão seus relacionamentos.

CAPÍTULO 8
VALORIZANDO O QUE JÁ SE CONQUISTOU

É natural do ser humano desejar sempre avançar na vida. Novas conquistas sempre nos dão um ânimo a mais para conquistarmos a nossa jornada aqui na Terra. Mas muitas vezes esquecemos rapidamente das conquistas que já alcançamos.

Valorizar o que já conquistamos é necessário para quando as coisas não estiverem acontecendo como gostaríamos. A simples lembrança daquilo em que já obtivemos êxito pode encher-nos de força interior para seguirmos mais determinados do que nunca.

Valorizar cada pequena vitória tem um efeito psicológico muito profundo em nossa vida. Isso porque a nossa autoestima pode variar para mais ou para menos diante das dificuldades que vamos enfrentando no nosso dia a dia.

PERCEBA QUANTAS VITÓRIAS VOCÊ JÁ TEVE NA VIDA, INCLUSIVE SE ALCANÇOU OBJETIVOS TIDOS ANTES COMO IMPOSSÍVEIS DE SEREM ALCANÇADOS.

Lembre-se também de que você é hoje uma pessoa muito mais realizada do que há cinco anos e esse fato tem um poder de mostrar para você mesmo o quanto você é capaz de alcançar sucesso em todos os setores da sua vida. Daí nasce a importância de sabermos valorizarmos na medida certa toda conquista da nossa caminhada.

Uma pessoa que é grata a si mesma sabe o quanto é importante ter uma atitude de autorreconhecimento. Já as pessoas que se esquecem de valorizar suas conquistas possuem uma tendência muito grande de ter dificuldades de obter novos êxitos. Isso acontece justamente porque falta ao indivíduo um reconhecimento próprio dos seus esforços.

E diante disso é necessário observarmos que não vamos ter sucesso em tudo aquilo que almejamos e que os atropelos fazem parte da nossa vida, mas não é por causa de pequenas derrotas que vamos nos achar o pior ser humano do globo terrestre até porque, em alguns objetivos mais ousados, é natural termos uma dificuldade a mais para alcançar êxito, mas isso não deve servir com desânimo e sim como um alerta de que nossas estratégias precisam ser modificadas para, enfim, chegarmos ao sucesso tão desejado, seja na vida pessoal, seja na profissional.

> **VALE A PENA LEMBRAR QUE CADA VITÓRIA, CADA PASSO DADO PRECISA DE UMA RECOMPENSA INTERIOR; CASO CONTRÁRIO, COM AS DIFICULDADES DA VIDA, A TENDÊNCIA É PERDERMOS O ÂNIMO TOTAL E AÍ SEREMOS COADJUVANTES DA NOSSA PRÓPRIA EXISTÊNCIA.**

Então, comemore, festeje cada conquista como se fosse única. Essa atitude dar-lhe-á um ânimo para continuar sua caminhada. E também aprenda a valorizar a conquista das pessoas a sua volta, isso soma muitos pontos nos seus relacionamentos interpessoais; afinal de contas, quem não gosta de ser cumprimentado quando alcança o êxito em sua vida?

E que tal presentear-se quando você também alcançar sucesso naquilo que tanto almejou alcançar, seja obtendo lucros nos seus negócios, subindo na carreira profissional, fazendo aquela viagem dos sonhos, a compra de um carro novo, a aquisição de uma casa ou apartamento; enfim, são inúmeros motivos para você vibrar com o que já alcançou na vida.

Quanto mais valorizamos nossas vitórias, mais ânimo teremos para seguir adiante com determinação, força interior, alegria, foco e obstinação. Estes são os ingredientes de uma pessoa de real sucesso. Jamais pense em desistir e dê chances para o desânimo bater em sua vida. Você pode mais. Você merece mais e conseguirá muito mais. Por isso, lembre-se de comemorar toda vitória que conseguir.

CAPÍTULO 9
EVOLUINDO NA MANEIRA DE PENSAR

Segundo John Stuart Mill, "É impossível que ocorram transformações e avanços no destino da humanidade se não houver uma grande mudança no seu modo de pensar". Em tempos de evolução constante, melhorar a nossa maneira de pensar é de uma importância fora do comum, até porque quem pensa melhor, age melhor e toma melhores decisões.

No corre-corre, muitas vezes esquecemo-nos de analisar melhor o que nos acontece e, simplesmente, pela falta de pensar e analisar melhor, cometemos erros primários, principalmente no que se refere à nossa profissão. Mas no âmbito pessoal também precisamos colocar a nossa mente em ação; afinal, cabeça não foi feita apenas para colocar chapéu.

UMA PESSOA SENSATA SABE A IMPORTÂNCIA DE ANALISAR OS FATOS E, PRINCIPALMENTE, DE TOMAR ATITUDES MAIS ASSERTIVAS.

Quem pensa antes de falar, evita problemas que de alguma forma poderiam prejudicá-lo. Pensar antes de agir sempre nos traz melhores resultados em todas as áreas da nossa vida. Perceba quantas vezes você, por falar demais, acabou tendo aborrecimentos que poderiam ter sido evitados. A comunicação é algo que aprendemos até o último dia da nossa vida. Ela não é algo estático; ao contrário, é dinâmica e saber usá-la pode fazer toda a diferença nas nossas relações com as pessoas.

Devemos acreditar sempre no poder de escolher boas palavras antes de pronunciá-las, até porque a palavra tem o poder de construir ou de destruir, dependendo muito da maneira com que estamos usando-a.

E em alguns momentos mais críticos, precisamos pensar não só uma vez, e sim quantas vezes forem necessárias, para só depois partirmos para a ação; para tomarmos atitudes mais coerentes com a nossa percepção de vida.

No trabalho, a comunicação é algo imprescindível e, para convivermos melhor com as pessoas, vamos sim pensar melhor, evoluir a nossa maneira de enxergar alternativas de sucesso, principalmente quando o assunto é mais delicado. Quem pensa antes de falar, evita problemas.

QUEM FALA SEM PENSAR, ACABA TENDO DESGASTE EMOCIONAL QUE DE OUTRA FORMA SERIA BEM DIFERENTE, BASTANDO PENSAR DUAS VEZES ANTES DE MAGOAR ALGUÉM.

Sem esquecer-se de que quem fala o que quer, escuta o que não quer. Uma pessoa que pensa antes de falar, evita inúmeros tipos de problemas com as pessoas. Isso porque baliza seus conhecimentos e suas atitudes antes de emitir qualquer opinião ou julgamento. Assim, sensatez na comunicação nunca é demais.

Até para fazermos uma postagem nas redes sociais, precisamos passar pelo crivo do bom-senso, ou seja, saber se realmente vale a pena postar aquela foto, aquele comentário agressivo etc. Quem não usa dos bons modos no mundo virtual, sabe que sempre colhe o que não gostaria de obter, ou seja, muitas pessoas ainda estão usando os meios de comunicação na *Internet* para desabafos, críticas, indiretas, jogadas políticas e, como sabemos, o tiro sai pela culatra e a pessoa acaba "queimando" seu próprio nome.

Já as pessoas que sabem dosar o que vão falar, evitam receber comentários que não seriam de bom grado. Nos relacionamentos mais íntimos, a força do pensar antes do falar deve ser ainda mais cuidadosa, porque, quando ferimos uma pessoa, fica fácil pedir desculpa, mas nem sempre conseguiremos manter uma boa relação quando a mesma é arranhada.

Todo cuidado é pouco para quem deseja vencer na vida lidando com as pessoas. Pensar antes de falar é, acima de tudo, uma atitude de educação, gentileza, respeito ao próximo e, porque não dizer, de inteligência emocional.

A pessoa prudente sempre analisa com cuidado antes de falar. Já a insensata tem o costume de dizer que prefere falar na "cara". Isso para mim, além de ser uma falta de ética muito grande, é também um desrespeito à pessoa com a qual se mantém algum tipo de relacionamento particular ou profissional.

RESPEITO E BOM SENSO TODO MUNDO GOSTA E NÃO É DE BOM TOM SAIRMOS POR AÍ DIZENDO TUDO O QUE QUEREMOS E DE QUALQUER FORMA.

Quem analisa sempre seus pensamentos antes de falar, vive com mais harmonia e passa a ser mais respeitado pelo mundo a sua volta. Pensar, pensar e pensar para só depois falar é um ato riquíssimo nas nossas relações diárias. Você tem pensado bem antes de agir ou de falar? Sempre é tempo de mudarmos alguns costumes para que a nossa vida tenha mais sentido, não é mesmo?

CAPÍTULO 10
O PODER DAS PERGUNTAS

Muito se fala nos tempos de hoje que muitas perguntas são mais importantes do que as respostas, ou seja, na prática, com uma pergunta bem elaborada obtêm-se melhores respostas. Entendemos então que, para atingirmos melhores resultados na nossa vida pessoal ou profissional, precisamos melhorar o nível das nossas perguntas. Eu até brinco nas minhas palestras que uma pergunta bem-feita já é meio caminho andado para quem deseja avançar na vida.

Existem perguntas e perguntas. – "Como assim?", deve estar pensando você. Existe um tipo de pergunta que já induzimos a pessoa a dar uma resposta ao que queremos escutar. Por exemplo: você, diante de uma vendedora de uma loja, pode perguntar: "esse produto "X" é de boa qualidade?". Claro que a resposta na maioria das vezes será sim, pois dificilmente vamos encontrar um profissional de vendas denegrindo os produtos que vende.

Já outro tipo de pergunta é mais complexo. Por exemplo: "Se eu levar esse produto em quantidade, vocês me proporcionam um desconto e uma entrega gratuita?". Nesse caso, a vendedora terá que pensar e procurar o seu gerente para ver se realmente consegue atender a essa necessidade do cliente em questão.

Também existe um tipo de pergunta que pode nos deixar embaraçados, como, por exemplo, "Por que você saiu do seu último emprego?". Esse tipo de pergunta normalmente é feito por empresas de recrutamento e o profissional que pretende ser contratado precisará ter muita habilidade.

PARA CADA TIPO DE PERGUNTA QUE EMITIMOS OU QUE SOMOS INDAGADOS, VAMOS PRECISAR USAR A NOSSA PERCEPÇÃO PARA ESCOLHERMOS A MELHOR RESPOSTA.

Nos tempos atuais, não adianta dizer que o silêncio é a melhor maneira de darmos uma resposta. Essa desculpa não cola mais, bem como vamos precisar evoluir na nossa maneira de fazermos as nossas perguntas no nosso dia a dia para que os resultados pretendidos sejam os melhores possíveis.

Uma pergunta inteligente é aquela que faz a pessoa com

quem estamos nos comunicando pensar antes de responder para dar-nos uma resposta à altura da nossa indagação. Lembro-me de um excelente professor de História da minha época escolar, Prof. Roberto Peixoto, que muitas vezes, após explicar um capítulo inteiro da sua matéria, pedia que pegássemos uma folha em branco e fizéssemos cinco perguntas sobre o que havíamos aprendido e respondêssemos, com um detalhe importante, ele corrigia depois, mais o teor da pergunta e o grau de dificuldade do que propriamente a resposta que daríamos.

Aprendi muito com esse professor, bem como com outro mestre, Edson De Paula, que foi o *Master Coach* que fez a minha formação, onde, entre tantos assuntos trabalhados, o que mais me chamou a atenção foi saber fazer perguntas provocativas para numa sessão de *Coaching* conseguirmos provocar uma forte autorreflexão do nosso cliente (*Coachee*).

Tanto nas nossas conversas triviais do nosso cotidiano como nas nossas conversas profissionais, precisamos melhorar a nossa maneira de conversar fazendo melhores perguntas, pois quem pergunta bem, consegue sempre as melhores respostas.

Até mesmo para enviarmos um *e-mail* a uma empresa ou profissional para solicitar algum orçamento, se fizermos boas perguntas, vamos obter melhores respostas. Vale ressaltar que uma pergunta bem-feita não significa complexidade; ao contrário, uma pergunta interessante é aquela em que mostramos conhecimento de causa e apenas queremos obter algo de positivo; orientação sobre os próximos passos que desejamos dar.

TODO CUIDADO É POUCO NA HORA DE PERGUNTARMOS ALGO A ALGUÉM, POIS UMA PERGUNTA MAL ELABORADA PODE CONTAR PONTOS CONTRA A NOSSA PESSOA. EM ALGUNS CASOS, PODEMOS PASSAR ATÉ ALGUM VEXAME DESNECESSÁRIO.

Então, todo cuidado é pouco para lidarmos com os diálogos que temos no nosso dia a dia. Aprenda a fazer melhores perguntas. Pense antes de perguntar. E, principalmente, escute bem as respostas para não ficar no "vácuo" e não entender nada do que a pessoa está lhe respondendo.

CAPÍTULO 11

UMA MENTE FORTE

Muitos são os obstáculos que vamos enfrentando no nosso dia a dia e manter uma mente forte, destemida e animada é algo que precisamos treinar sempre; afinal, são inúmeros os desafios que vamos encontrando no percurso da nossa vida.

UMA MENTE FORTALECIDA NOS MANTÉM FIRMES E ANIMADOS DIANTE DE QUALQUER OBSTÁCULO QUE VIERMOS A ENFRENTAR.

Já uma mente enfraquecida, seja por qualquer razão, tira-nos a força para lutarmos pelos nossos objetivos mais ousados. Uma mente assustada também nos incapacita para seguirmos firmes naqueles momentos mais difíceis em que precisamos de uma força extra para não desistir. Daí nasce a necessidade de nos prepararmos mentalmente para todos os obstáculos que a vida apresentar-nos.

Na prática, "o que seria uma mente forte?", pode estar pensando você. Uma mente destemida é uma mente preparada, equilibrada e que procura sempre o bom senso para tudo o que acontece consigo. Uma mente forte não desmorona na primeira queda; pelo contrário, se fortalece ainda mais sabendo que tudo na vida tem solução.

Um indivíduo que cuida de sua mente e dos seus pensamentos sabe o quanto leva vantagem quando as coisas não saem como gostaria, simplesmente porque mantém sua mente no positivo; enquanto que milhares de pessoas de mentalidade fraca pensam logo em abandonar o barco quando percebem que a tempestade está para chegar.

Já o mentalmente forte reage de maneira totalmente diferente, ou seja, não só espera a tempestade avançar, como se prepara para a mesma. E a cada vitória conquistada, se sente ainda mais forte; enquanto muitos que têm a mente focada no derrotismo acabam acumulando derrotas e mais derrotas e achando que a vida é assim mesmo e que outros apenas têm sorte. E na prática não é nada disso.

TODOS NÓS TEMOS A CAPACIDADE DE AUMENTAR O NOSSO PODER DE RESILIÊNCIA (CAPACIDADE DE SUPORTAR MUITA PRESSÃO) E SAIRMOS ILESOS DE CERTAS SITUAÇÕES QUE ACHÁVAMOS QUE NÃO IRÍAMOS CONSEGUIR.

Só para lembrar que no mundo moderno temos até técnicas para fortalecer a nossa atitude mental, como, por exemplo, os processos de *Coaching*, onde a pessoa passa, em mais ou menos dez sessões, por um período de autodescoberta fortalecendo-se mental e espiritualmente.

Também, neste aporte, encontramos a Neurociência. Como bem explica o *Coach* José Roberto Marques, é a área que se ocupa em estudar o sistema nervoso, visando desvendar seu funcionamento, estrutura, desenvolvimento e eventuais alterações que este organismo sofra.

Através deste estudo, a pessoa pode descobrir que alguma limitação possa ser reconstruída, o que na prática seria fortalecer sua maneira de pensar, agir e reagir com tudo o que acontece em sua vida.

Com o passar dos anos, nossa mente tem uma tendência muito forte de ser enfraquecida ou fortalecida. Isso depende de pessoa para pessoa. Por exemplo, pessoas de mente forte sabem lidar com pensamentos intrusos e os combatem imediatamente; não se acham vítimas das situações negativas que lhes acontecem; não procuram agradar os demais apenas para obter reconhecimento, elas acreditam no próprio potencial; não focam no que perderam e sim no que podem ganhar mais à frente; não têm medo dos atropelos da vida; sabem que tudo é aprendizado; quando pensam no futuro, se fortalecem com sua própria energia mental e experiência acumulada.

Já as pessoas com a mente enfraquecida têm medo de ousar; se acham vítimas dos acontecimentos da vida; acatam mais as opiniões dos outros do que as próprias; não acreditam em si mesmas; fazem de tudo para agradar os outros e esquecem de viver a vida; desperdiçam muito tempo se lamentando em vez de dar a volta por cima; e se assustam somente em pensar no futuro que está chegando.

Basta analisarmos que quem mantém a mente e seus pensamentos mais equilibrados acumula mais sucesso na vida. Claro que tanto as pessoas de mente aberta como as de mente fechada sofrem derrotas. A diferença é que as de mente poderosa recuperam-se mais rapidamente e perseguem seus objetivos com ainda mais com ousadia e determinação; enquanto que as pessoas de mente fechada se trancam em seu mundo, perdendo grandes oportunidades na sua vida.

MANTER UMA MENTE FORTE E SAUDÁVEL DEVE SER SEMPRE UMA ATITUDE POSITIVA DA NOSSA VIDA.

Nunca é demais lembrar que podemos sim fortalecer a nossa própria mente. Para isso, precisamos vigiar nossos pensamentos e nossas atitudes e, principalmente, prestar mais atenção às nossas opiniões do que das pessoas com quem convivemos no nosso cotidiano. Sua mente é seu guia, cuide bem dela.

CAPÍTULO 12
USANDO O ENTUSIASMO DE FORMA ASSERTIVA

Em qualquer projeto e objetivos que desejamos alcançar não nos pode faltar a força do entusiasmo, pois é ela que nos mantém de pé diante dos enormes obstáculos que vamos encontrando pelo meio do caminho. Uma pessoa sem entusiasmo desiste com mais facilidade; afinal, falta-lhe ânimo para seguir em frente.

Já uma pessoa entusiasmada pelos seus projetos pessoais e profissionais sabe o que quer, como quer e cultiva uma energia especial para avançar cada vez mais. Vale lembrar que entusiasmo não é um oba-oba, em que o indivíduo diz que vai dar tudo certo e não faz nada de concreto para ver seus sonhos se realizarem.

ENTUSIASMO É ALGO MUITO PESSOAL E VARIA DE PESSOA PARA PESSOA. POR ISSO QUE VOCÊ PRECISA DESCOBRIR NA SUA JORNADA DIÁRIA O QUE O MANTÉM ENTUSIASMADO.

Algumas pessoas encontram mais entusiasmo na sua vida praticando um esporte, outras fazendo uma simples caminhada; já outras lendo livros inspiradores, uns buscam na fé mais ânimo para não desmoronar diante dos atropelos que normalmente acontecem quando estamos em busca de novas realizações.

Claro que se manter o tempo todo entusiasmado, animado, revigorado, não é fácil; afinal de contas, quanto mais avançamos na nossa vida, mais obstáculos aparecem. E é justamente por isso que precisamos cultivar dentro de nós uma força a mais para continuar firme e não desmotivar.

Uma pessoa que sabe o que tanto deseja alcançar na vida mergulha com tudo em seus projetos mais ousados. Uma pessoa determinada sabe que enfrentará problemas, mas que também manter sua mente animada poderá fazer toda a diferença.

É preciso entender também que entusiasmo verdadeiro nos serve como uma energia poderosa que vamos precisar o tempo todo para obter êxitos em nossos projetos. Então, é preciso mirar no alvo que pretendemos alcançar e não nos obstáculos.

Outro detalhe também é ter muito cuidado com pessoas negativas. Elas têm um poder de destruir e até mesmo minguar nossa força interior. Pessoas que não alcançaram seus objetivos são melancólicas e acabam "aconselhando" negativamente. E se a gente não tiver cuidado, vamos duvidar das nossas próprias forças e desistir de realizar nossos sonhos.

O entusiasmo, por si só, não resolve todos os nossos problemas; é apenas uma força especial que precisamos demais para enfrentar os desafios da vida. É preciso entender também que sem entusiasmo fica muito difícil seguirmos em frente. Daí nasce a importância de buscarmos sempre algo que nos motive, nos inspire, provoque positivamente. Outro detalhe interessante é que a cada obstáculo vencido, automaticamente nosso entusiasmo vai se renovando, tendo mais determinação para ir em busca de novas conquistas.

MANTER-SE ENTUSIASMADO PODE FAZER TODA A DIFERENÇA.

A determinação em cada de um de nós só acontece quando realmente estamos animados e acreditando fielmente que vamos alcançar tudo aquilo que almejamos. Não consigo lembrar-me de nenhuma pessoa que obteve êxito na vida sem cultivar um entusiasmo revigorante dentro de si.

Vale lembrar também que vamos somando vitórias cada vez que usamos de forma correta o nosso próprio entusiasmo, e saber onde conseguir mais força interior é de uma importância gigantesca.

Jamais pense em desistir dos seus sonhos. Use sempre o poder do entusiasmo para permanecer firme nos seus propósitos de vida. Procure inspirar-se em pessoas de sucesso. Procure usar da sua própria determinação para ter resultados surpreendentes na sua vida.

CAPÍTULO 13
QUANDO A TEMPESTADE PARECE QUE NÃO VAI PASSAR

Em um dos seus maravilhosos livros, *Você é insubstituível*, o Dr. Augusto Cury cita que:

> Todo ser humano passa por turbulências em sua vida. A alguns falta o pão na mesa; a outros, a alegria na alma. Uns lutam para sobreviver. Outros são ricos e abastados, mas mendigam o pão da tranquilidade e da felicidade.

Ou seja, de uma forma ou de outra, estamos sempre enfrentando desafios, seja de maneira emocional, espiritual, material seja simplesmente da nossa existência. E quando os problemas se acumulam e que a tempestade parece não passar, é aí que precisamos mergulhar fundo no nosso interior e (re)descobrir que temos força suficiente para vencer os mais assombrosos "monstros" da nossa mente.

E SE TEM UMA COISA QUE PODE MANTER-NOS DE PÉ É SABERMOS QUE JÁ VENCEMOS OUTROS DESAFIOS NA VIDA E QUE NENHUMA TEMPESTADE É PARA SEMPRE.

Contudo, fazer algo de concreto é de uma importância enorme para manter-nos motivado e sempre acreditando que vamos vencer mais essa batalha. É claro que, quando estamos dentro do furacão dos problemas, achamos que perdemos o sentido da vida e temos uma forte tendência de pensar que dessa vez está mais difícil do que nunca e que vamos ser engolidos pelos gigantes problemas que estamos enfrentando.

Reforço, então, que tudo na vida tem solução e uma saída. Ficar cabisbaixo se achando o pior ser humano do planeta não é uma atitude sensata. O melhor mesmo é agir imediatamente, procurando alternativas.

Nesses momentos de turbulências se faz necessário também procurar pessoas mais experientes que já passaram por uma situação parecida e buscar orientações que possam mostrar-lhe como reagir diante das adversidades do momento. Claro que não precisamos sair por aí contando nossos problemas para todo mundo. Precisamos, sim, escolher a dedos pessoas discretas e que possam levantar o nosso ânimo com o intuito de continuarmos a nossa jornada sem esmorecer, mesmo diante de uma tempestade que parece não ter fim. Assim como as coisas boas passam, as coisas ruins também.

A VIDA É FEITA DE MOMENTOS E, SE MANTIVERMOS A CABEÇA NO LUGAR, VAMOS SIM ACHAR UMA SOLUÇÃO O MAIS RÁPIDO POSSÍVEL.

Não se considere uma pessoa incapaz, pois você é capaz sim de resolver os seus maiores desafios. Pode durar o tempo que for, a solução sempre aparece, de um jeito ou de outro. É importante, em momentos críticos, entender que ganhar e perder temporariamente faz parte da vida. Ganhar, claro, que é bem melhor, mas são os pequenos atropelos que nos fortalecem, mostrando que precisamos aprender alguma lição e que ficar se lamentando não nos leva a lugar algum.

Então, a partir de hoje, comece a enxergar seus problemas com outros olhos, os da percepção; são eles que vão indicar-lhe para onde você deve seguir. Preste atenção também a sua própria intuição. Veja o que ela está querendo dizer-lhe e siga cada dia mais forte, mais animado, pois mais cedo ou mais tarde tudo se resolverá. O momento de agir é agora. A hora é essa.

Faça tudo o que estiver ao seu alcance e acredite na sua força visionária de suportar as grandes tempestades da sua própria vida.

E quando vencer os obstáculos que você acha intransponíveis, aprenda tudo que puder com o que acabou de passar para numa próxima situação você saber que tem capacidade suficiente de vencer mais outra batalha.

CAPÍTULO 14

DESENVOLVENDO NOVOS HÁBITOS

Se tem algo que deixa muita gente entediada é fazer as mesmas coisas todos os dias e da mesma maneira. Entra ano e sai ano e a pessoa nunca muda de rotina. Com o passar dos anos, acha que a sua vida está sem graça, sem motivação, sem alegria.

Claro que no dia a dia precisamos manter uma rotina de trabalho e afazeres para podermos ter uma vida próspera, mas fazer tudo sempre do mesmo jeito, nos tira o entusiasmo de viver e aí entramos numa zona de conforto sem fim.

A VIDA É MUITO MAIS DO QUE TRABALHAR, PAGAR BOLETOS, COMER, DORMIR E SÓ.

A vida precisa ser mais dinâmica. Precisamos, sim, sair da rotina de vez em quando para descobrir outros sabores da vida. É aí que nasce o poder de desenvolvermos novos hábitos para dar um brilho a mais à nossa existência.

Antigamente, a vida era para muita gente um marasmo só. Não tínhamos as opções de lazer que temos hoje, sem contar que as condições financeiras não ajudavam muito. Já nos tempos atuais, temos um leque de opções infindáveis; portanto, sair da rotina e desenvolver novos hábitos é de uma importância sem fim para que a nossa existência tenha mais sentido.

É bom lembrar que temos livre-arbítrio para mudar um pouco a nossa trajetória de vida. Cada pessoa pode incrementar o seu dia a dia fazendo coisas novas, algumas até antes não experimentadas. Por exemplo, alguém que não tem o hábito de fazer uma caminhada ou mesmo frequentar uma academia pode aos poucos juntar-se a um grupo e começar a praticar algum tipo de exercício.

Outro hábito extremamente saudável é a prática diária da leitura, a pessoa pode ir até uma livraria e escolher alguns livros do seu interesse. Alguns podem começar a planejar viagens para lugares que ainda não visitaram. Outros podem descobrir na dança um hábito novo que serve tanto para o corpo como para a mente. Já tem gente que prefere frequentar um clube de lazer com o intuito de se divertir e conhecer outras pessoas.

NOVOS HÁBITOS NOS LEVAM A CRER QUE A VIDA PODE SIM SER DIFERENTE, MAIS ANIMADA, MAIS ENTUSIASMANTE, MAIS HARMÔNICA.

Claro que para se criar uma nova rotina precisa de planejamento e até mesmo de ousadia e o melhor mesmo é começar aos poucos, sem euforia, para que a pessoa não venha a decepcionar-se logo no começo da sua mudança de hábito.

Sempre é muito bom lembrar que, para se adquirirem novos costumes, é importante manter a mente aberta para novos aprendizados e novas oportunidades de fazer a vida realmente valer a pena.

Um hábito novo tem um poder altamente transformador que nos leva a uma nova dimensão. A cada novo hábito adquirido, nossa vida passa ter um sentido a mais. Viver a vida em plenitude significa dar-se sempre uma nova chance de encontrar a felicidade em algo que ainda não experimentamos.

Sair da rotina, quebrar paradigmas, evoluir mentalmente, faz a nossa vida ter mais sentido; mais ânimo. Ninguém merece passar por esse mundo numa rotina exaustiva. Quem quer ser mais feliz, precisa olhar e experienciar novos horizontes.

Não somos máquinas de produção. Somos pessoas e queremos encontrar sempre um sentido a mais para a nossa vida. E quem se fechar no seu casulo, nunca vai poder alçar voos mais altos.

ABRA A MENTE, O CORAÇÃO E OUSE SER MAIS FELIZ.

Agregue mais valor à sua existência. Coloque um sorriso no rosto e diga: agora ou vai ou vai, pois, se rachar, está tudo perdido. Mude sua maneira de viver. Ouse ser feliz. Acredite que existem novas maneiras de viver a vida e então encontre a sua. Saia hoje mesmo da rotina e se permita ser mais pleno.

CAPÍTULO 15

O PODER DA GENEROSIDADE

No mundo do egocentrismo, usar da generosidade pode fazer toda a diferença. Muitas vezes, no menor gesto de gentileza que praticamos com quem quer que seja, sentimos uma alegria sem tamanho no nosso coração. Nos dias atuais, em que a regra é "cada um por si e Deus por todos", ser gentil parece que está fora de moda.

Já se pararmos para analisar, uma pessoa que pratica sempre a gentileza para com os outros é uma pessoa bem resolvida, de bom coração e, consequentemente, mais feliz; enquanto que outras se fecham no seu mundo e não entendem que, ao fazer o bem sempre, recebem mais cedo ou mais tarde o bem em dobro.

MAS É CLARO QUE JAMAIS PODEMOS PRATICAR A GENEROSIDADE PENSANDO EM RECEBER ALGO EM TROCA. SE ASSIM FOSSE, NÃO SERIA GENTILEZA E SIM TROCA DE FAVOR.

O verdadeiro sentido de ser gentil é ajudar a qualquer pessoa sem nenhum tipo de discriminação, sabendo que aquele favor, aquela ajuda, pode fazer aquele indivíduo ser mais feliz. Lembremos também que devemos dar com uma mão para que a outra não veja, pois não tem sentido usar da generosidade para autopromover-se. Isso definitivamente não é colaborar com alguém e sim um ato de mesquinhez.

Uma pessoa de boa índole entende muito bem que, apesar de vivermos num mundo altamente competitivo, colaborar com os outros realmente faz a diferença. Dentro de empresas, percebemos com clareza que são os funcionários que têm o prazer de ajudar um colega de trabalho sem esperar nada em troca, bem como encontramos outros que só fazem algo por alguém se receberem também algo em troca.

Ser gentil é despir-se de uma vaidade pejorativa e entender que no mundo em que vivemos precisamos colaborar com outras pessoas sempre que a oportunidade aparecer. É deixar o egoísmo de lado e ir até o próximo com o intuito genuíno de simplesmente ajudar. É entender de uma vez por todas que o mundo dá muitas voltas e que ajudar é sempre uma boa atitude.

Entendemos também que pessoas egocêntricas, por alguma razão desconhecida, não gostam de ajudar. Elas acham que cada um tem que se virar para conseguir o que deseja. Esse pensar pequeno faz com que a pessoa se isole cada vez mais dos outros e viva na sua mesquinhez.

O UNIVERSO SEMPRE CONSPIRA A FAVOR DE QUEM ESTÁ SEMPRE DISPOSTO A COLABORAR SEM ESPERAR NADA DE VOLTA.

A vida favorece os de bom coração. Gentileza significa tornar o mundo mais fraterno; mais solidário. E, como diziam os antigos, quem oferece de coração recebe infinitamente mais do que doou. Então, que possamos sair cada vez mais do nosso comodismo e vamos fazer o bem às pessoas.

Seja por meio de uma campanha de solidariedade, seja doando o nosso tempo para um abrigo de idosos, seja promovendo algum tipo de evento para angariar fundos que possam ajudar alguém que está precisando de um tratamento médico, seja doando a nossa atenção e o nosso tempo para quem simplesmente precisa de um coração aberto para escutá-lo, ser gentil não nos custa nada; mas para quem recebe, faz toda a diferença.

Jamais percamos a oportunidade de praticar a generosidade em nossa vida. Jamais recusemos a nossa contribuição para quem realmente precisa. E, por último, que possamos doar sempre o nosso amor para o mundo ser bem melhor.

CAPÍTULO 16
UM ESFORÇO EXTRA FAZ TODA A DIFERENÇA

Tanto na vida pessoal como na profissional, somos incitados o tempo todo a fazer um esforço extra para alcançar melhores resultados. Nos tempos de hoje, fazer o trivial não é mais o suficiente. Fazer um esforço extra é o que nos leva a obtermos mais reconhecimento, mas a maioria das pessoas se sente melhor em fazer apenas o que deve fazer e nada mais. Porém, pessoas que se destacam procuram sempre ir além, realizando o que muitos se recusam a fazer.

O esforço extra não precisa ser algo fora do comum. Pode ser algo bem simples, contanto que seja para se fazer, por exemplo, um trabalho com melhor qualidade.

NO MUNDO EM QUE VIVEMOS DE ALTÍSSIMA CONCORRÊNCIA, FAZER UM POUCO MAIS E COM MAIS ATENÇÃO FAZ TODA DIFERENÇA.

Perceba que as pessoas que não avançam na vida é porque não atinam que precisam desenvolver novas habilidades para que agreguem mais valor ao seu profissionalismo.

Na vida, sempre temos a chance de progredir, de subir um degrau no pódio do sucesso. Mas, para isso, precisamos caminhar um quilômetro extra, que é justamente aquela tarefa feita com primazia; aquele trabalho feito com uma dedicação e tudo isso precisa ser realizado com prazer e determinação.

Fazer apenas o que nos pedem não nos tira da nossa zona de conforto. Para sermos mais, precisamos realizar mais; destacar-nos de alguma maneira e, para isso, não podemos recusar certos trabalhos mais exigentes. Contudo, é aí que mora o segredo do sucesso. É nesse trabalho extra que temos a oportunidade de mostrar o nosso valor, a nossa competência e o nosso diferencial competitivo.

No corre-corre da vida, destaca-se mais quem tem visão de futuro, ou seja, quem se dedica mais, quem realiza mais em menos tempo e com mais qualidade.

NO MUNDO DAS COMPETIÇÕES ACIRRADAS, É DE BOM TOM PROCURARMOS FAZER A DIFERENÇA QUE SÓ NÓS SABEMOS FAZER.

E o esforço extra significa fazer um trabalho a mais que melhore a eficiência daquilo que estamos realizando. Pode não ser notado no início, mas, com o passar do tempo, vamos mostrando o nosso talento em fazer as coisas com excelência; com maestria.

Não é novidade para ninguém que somente com criatividade, olhar clínico e dedicação é que o nosso desempenho vai melhorando com o passar dos anos. Ninguém, nos tempos de hoje, consegue avançar fazendo apenas o que lhe compete. Para termos destaque, precisamos ir além, pensar fora da caixa, acreditar que o nosso desenvolvimento pode e deve fazer toda a diferença.

E podemos perceber que muitas pessoas perdem ótimas oportunidades simplesmente porque se recusam a fazer um pouco mais, a aprender mais, a melhorar o seu desempenho; apenas repetem diariamente o seu trabalho de forma automática. E atitudes de acomodação como estas podem interromper uma vida de sucesso, em que a pessoa entra no mundo dos acomodados de plantão e daí não sai mais.

Quem quer ir além precisa fazer um esforço extra; acreditar que tem talento suficiente para agregar valor à sua vida profissional. O sucesso não tem dono, mas só vai para quem se esforça mais, para quem sabe fazer o seu melhor e, de preferência, com um sorriso no rosto.

COMO DIZ O POETA: "QUEM SABE FAZ A HORA, NÃO ESPERA ACONTECER".

Portanto, cada dia mais, procure fazer da sua existência um momento mágico em que seu talento pode, e deve, fazer toda a diferença. Recuse-se a ficar esperando o sucesso chegar; faça o seu melhor com muita categoria, habilidade, paciência e determinação, pois o grande dia só chega para quem se prepara.

CAPÍTULO 17
O ESSENCIAL EM PRIMEIRO LUGAR

Na velocidade da vida, muitas vezes estamos deixando o essencial para depois. O imediatismo tem tomado conta da vida de muitas pessoas e, como ela passa rápido demais, só nos resta lamentar aquilo que não vivemos na sua essência. Ainda mais hoje, em que muitos não largam o seu lindo *smartphone* por nada nesse mundo. Conectamo-nos com o mundo e esquecemos de quem está perto e o essencial fica para depois.

TUDO PARECE PEDIR PRESSA E ESSA PRESSÃO PARECE NÃO TER FIM, E O ESSENCIAL FICA PARA DEPOIS.

Será que não estamos abraçando os supérfluos demasiadamente? Será que estamos passando pela correnteza da nossa existência e nem sequer estamos observando as coisas na sua forma original de ser, pois não temos ou não queremos ter tempo para o essencial da vida? Mas positivamente acredito que podemos dar um novo sentido à vida.

Estou escrevendo este capítulo no dia em que o carismático e competente apresentador de TV Augusto Liberato, o nosso Gugu, foi sepultado após sofrer um acidente fatal na sua casa em Orlando, nos Estados Unidos, logo ele que esbanjava vida, entusiasmo, carisma, humildade, alegria, além de ser um profissional de altíssima qualidade, que tinha o dom de levar entretenimento aos seus telespectadores. E, assistindo aos inúmeros depoimentos de artista e do povo que acompanhou o seu velório, observei o quanto as pessoas comentavam que estamos dando valor a tantas coisas sem importância e o essencial que é bom nada.

A vida pode ter um novo sentido. Mas, para isso, precisamos quebrar alguns paradigmas, ou seja, voltar ao nosso interior e descobrir realmente o que nos faz sentir uma felicidade autêntica e, somente através de uma autorreflexão, poderemos viver a vida com mais verdade e sentido de ser.

Muitas vezes pego-me pensando que poderíamos viver uma vida mais completa se valorizássemos mais as pessoas do que as coisas que desejamos ter; afinal de contas, do que vale ter tudo na vida se ficarmos longe das pessoas que tanto dizemos que amamos?

Observo muitas vezes pessoas desesperadas quando perdem um ente querido, que parece que o mundo delas acabou, mas, quando aquele mesmo ente querido, que pode ser um pai, uma mãe, um filho, um tio ou tia ou mesmo um amigo querido, estava vivo não tinha a atenção merecida; agora que vai embora para sempre, bate um arrependimento por saber que agora não há mais o que fazer.

Vida adiada é vida sem sentido. Precisamos viver o agora já; amanhã pode ser tarde demais. Como diz letra do grande compositor Lenine:

> **"MESMO QUANDO TUDO PEDE UM POUCO MAIS DE CALMA ATÉ QUANDO O CORPO PEDE UM POUCO MAIS DE ALMA A VIDA NÃO PARA".**

Que grande ensinamento essa canção nos traz, pois muitas vezes nossa alma grita para viver, mas estamos ocupados demais para ouvi-la. Mas será que podemos reverter esse triste quadro da nossa existência? Será que podemos viver mais em plenitude, deixando as coisas frívolas de lado? Claro que sim; claro que podemos.

Podemos, e devemos, ser felizes agora, valorizando o que já temos, principalmente as pessoas com as quais convivemos diariamente. Sabemos que tudo no mundo é efêmero e, quanto mais paz interior tivermos, mais vida teremos.

E se a vida é feita de escolhas, vamos melhorá-las, valorizando o tempo que nos resta e aproveitando o que ainda está por vir.

Para que tanta pressa para não chegar a lugar nenhum? Calma, calma e calma, pois a vida é agora.

Não vamos mais perder tempo com as coisas que nada nos acrescentam. Vamos sim saborear o doce saber que é viver com inteligência e simplicidade, pois quem sabe viver o presente, saberá desfrutar de um futuro melhor.

NADA É MAIS URGENTE NESSE MUNDO A NÃO SER A NOSSA CAPACIDADE DE NOS REINVENTARMOS SEMPRE, FAZENDO O QUE PRECISA SER FEITO.

E como cantava o eterno Gonzaguinha: "Viver e não ter a vergonha de ser feliz"... A vida é agora; é já. Não temos tempo a perder. Viver intensamente deve ser sim o nosso maior projeto de vida.

CAPÍTULO 18
DESCONGESTIONANDO A MENTE

Podemos perceber claramente que, quando a nossa mente está cansada ao extremo, não conseguimos raciocinar bem. Parece que nos falta oxigênio no nosso cérebro e a nossa disposição parece desaparecer de uma hora para outra.

Quando a nossa mente está encharcada de problemas, angústias, desesperança, a nossa vida vai perdendo o sentido de ser.

Uma mente congestionada não funciona bem, tira-nos a motivação e acaba com a nossa capacidade de criar, imaginar, de fazer as coisas da melhor forma possível. Você, na certa, conhece muitas pessoas que passam um período "fechadas" para o mundo, tornando a sua vida insípida, sem graça, sem entusiasmo. Isso se deve, muitas vezes, pelo acúmulo de problemas sem solução.

A nossa mente se esgota quando trabalhamos no piloto automático, sem nenhum brilho no olhar, sem vontade de fazer algo a mais. É preciso então perceber que somos donos do nosso destino e que, ao nos depararmos com a nossa vida sem sentido, precisamos fazer algo urgentemente.

Não podemos ser passivos e ficar esperando as coisas melhorarem por si só. Algo precisa ser feito; afinal de contas, ninguém consegue resolver os nossos problemas e os nossos desafios. Precisamos, em momentos de congestionamento mental, dar um tempo. Se for o caso, fazer uma profunda autoanálise para saber onde foi que a nossa motivação para a vida se perdeu.

Claro que os problemas, principalmente os mais delicados, não se resolvem de uma hora para outra, pois existe um tempo para tudo nessa vida, inclusive para a solução dos desafios mais assustadores que por ora possamos passar. E, em momentos de crise pessoal, vamos precisar tomar algumas atitudes que por alguma razão vínhamos adiando.

Vamos precisar redobrar as nossas forças e o nosso ânimo para enfrentar os obstáculos de cabeça erguida; caso contrário, vamos ser engolidos pelos nossos próprios problemas. E digo mais, precisamos de momentos perturbadores para amadurecer e para crescer interiormente. Se não fosse assim, nem andar com as próprias pernas saberíamos, pois, para aprender a andar, a pessoa cai diversas vezes até manter o equilíbrio e manter-se de pé, não é mesmo?

Não podemos esquecer de que a nossa mente absorve tudo aquilo com que nós a alimentamos. Então, todo cuidado é pouco.

É preciso ser vigilante com a nossa "alimentação" mental. A nossa mente é passiva e obedece às nossas ordens. Por isso mesmo precisamos cercar-nos de coisas boas, de pessoas amigáveis e de trabalhos satisfatórios para termos uma vida bem equilibrada.

Podemos considerar também uma grande aliada de uma mente saudável bons alimentos naturais, bem como boas leituras; afinal, para tudo aquilo que ingerimos, o nosso cérebro responde à altura e tudo aquilo que lemos tem o poder de nos inspirar. Para isso, precisamos escolher os melhores alimentos e os melhores livros, concorda?

Outro detalhe importante são as nossas amizades, principalmente no ambiente de trabalho, que podem influenciar-nos para o bem ou para o mal. E a partir do momento em que detectamos alguns relacionamentos nocivos, vamos precisar tomar medidas preventivas para não sermos contaminados negativamente, pois, quando temos relacionamentos prejudiciais, a nossa mente encharca-se de problemas. Então, o melhor mesmo é sermos firmes nas nossas atitudes e nas nossas escolhas para que ninguém, ninguém mesmo, seja o comandante da nossa própria vida.

Não precisamos afastar-nos de certas pessoas, mas podemos impor limites; caso contrário, vamos criar em nós mesmos um clima hostil, coisa que a nossa mente não gosta. Precisamos rechear o nosso cérebro com o melhor da vida. Podemos usar o entusiasmo para termos uma experiência extraordinária na nossa jornada aqui na Terra.

O ENTUSIASMO VERDADEIRO É AQUELE QUE NOS TIRA DA CAMA TODOS OS DIAS PORQUE TEMOS ALGO DE EXCELENTE PARA REALIZAR.

Quem cultiva em si a paz interior, vive mais, adoece menos e soma mais vitórias do que derrotas na vida. Se por uma razão ou outra, nesse momento da sua existência, você tem percebido sua mente altamente congestionada, dê-se um tempo, tome atitudes, faça algo inusitado, desafie você mesmo a mudar o curso da sua história. Você não merece viver uma vida pela metade, mergulhada em problemas. Você merece uma vida repleta de boas ações e de novas conquistas.

Recuse-se a sentir-se um coitadinho de plantão! Alimente a sua mente com o melhor da vida e não de coisas negativas e depreciativas. Viva mais e melhor. Use do bom senso para viver o aqui e o agora. A vida não espera você ficar pronto. Viver se aprende vivendo; simples assim. E jamais permita que nada nem ninguém tire o brilho dos seus olhos. Você é sim o verdadeiro responsável por sua vida valer a pena.

CAPÍTULO 19
DESCOBRINDO NOVAS MANEIRAS DE VIVER

Não importa a idade que temos, mas sim a maneira que estamos vivendo. E o melhor, podemos sempre mudar a nossa vida para melhor. Ninguém em sã consciência gosta de ter uma vida monótona sem graça; sem sentido. Fomos criados para viver intensamente e não pela metade.

Porém, vez por outra, a nossa existência entra no piloto automático, ou seja, vamos caminhando e passando pela vida sem viver por completo. Somos muitas vezes acometidos de problemas sem fim. Parece até que o mundo está conspirando contra nós.

É claro que na vida teremos desafios, vitórias e também atropelos, mas nem por isso vamos viver por viver de qualquer maneira somente resolvendo problemas e pagando boletos, não é mesmo?

A VIDA É MUITO MAIS DO QUE VIVER SE LAMENTANDO. A VIDA É O QUE A GENTE FAZ DELA TODOS OS DIAS.

E se no momento não estamos vivendo a vida que queremos, podemos fazer a nossa vida valer a pena. Para isso, vamos precisar sair imediatamente da zona de preguiça, ou seja, sair da mesmice. E para que tudo melhore, será necessário que tomemos algumas atitudes que vínhamos adiando; afinal, a vida passa num segundo e qualquer minuto vale ouro.

Claro que não precisamos tomar atitudes radicais, pois na certa podemos cometer erros e não é isso que queremos. Mudar a nossa vida para melhor vai exigir de cada de um atenção, cuidados especiais, pesquisa e, acima de tudo, coragem e ousadia; afinal de contas, ninguém consegue nada nessa vida se não tiver uma boa dose de atitude corajosa.

Quando falo em mudar a nossa vida para melhor, estou falando em assumir o comando da nossa existência e não deixar que as coisas aconteçam a seu bel prazer.

NENHUM SER HUMANO QUER SER O ATOR COADJUVANTE DA SUA VIDA; QUER, SIM, SER O ATOR PRINCIPAL, OU SEJA, DESEJA VIVER PLENAMENTE, REALIZANDO SEUS SONHOS MAIS OUSADOS.

Ser coadjuvante significa ter um papel menor no filme da vida, quando na verdade poderíamos ter um destaque melhor. Então, fica claro que só seremos realmente felizes quando soubermos o que queremos conquistar de verdade, pois a cada vitória passamos a entender que viver vale a pena e que os atropelos fazem parte da história de cada um de nós.

Outro detalhe importante a considerar que, diante de tantas tarefas que temos que realizar, muitas e muitas vezes vamos adiando nossas atitudes e, quando mal percebemos, estamos atolados em problemas e mais problemas. E é exatamente aí que bate um desespero danado e percebemos que nossas forças estão minguando. Mas para quem tem as rédeas da própria vida nas mãos, a situação é bem diferente.

A pessoa detentora da sua própria existência não deixa os problemas se avolumarem. Elas vão resolvendo um por um à medida que os mesmos vão aparecendo; afinal, quem deixa para amanhã o que poderia fazer hoje paga um preço alto demais.

Podemos viver de uma forma mais entusiasmante de uma maneira mais simples e mais completa. Mas para isso vamos precisar eliminar algumas atitudes nocivas, como, por exemplo, trabalhar, comer e falar demais, pois, como diz o velho ditado popular, tudo que é demais estraga.

Não deixe que a sua vida passe por você sem tê-la vivido realmente. Tome decisões importantes, mesmo que no momento você não tenha condições de resolver tudo de uma vez, mas dê um pequeno passo, faça qualquer coisa já e se recuse a viver se lamentando.

QUEM QUER VAI LÁ E FAZ; QUEM NÃO QUER, SE SENTA E SE LAMENTA O TEMPO TODO.

A vida é mais a partir do momento em que resolvemos viver em plenitude, com todos os nossos problemas e desafios. O que não podemos é ficar de braços cruzados esperando a felicidade bater a nossa porta. Faça hoje o que vinha adiando há meses. Faça agora o que sua intuição mandar. Seja realmente o protagonista da sua vida.

CAPÍTULO 20
QUANDO É PRECISO MUDAR

A nossa vida nunca é uma reta; sempre existirão curvas. Por isso, vamos precisar sempre ficar alertas para que as mudanças aconteçam de forma natural. Claro que toda mudança nos causa insegurança, desconfiança se vai dar certo ou não. Mas se a gente não escolhe a mudança que a vida está pedindo, a vida por si só muda o nosso destino e vamos para um lugar que talvez não gostaríamos de ir. Portanto, é importante estarmos com a mente aberta e de olho no cenário da nossa existência para aceitar da melhor maneira certas mudanças que a vida com certeza sempre nos provocará.

Em alguns casos, mudar de endereço, de trabalho, de relacionamento, de religião, de opinião etc., nos causa um incômodo, a princípio, mas, com o passar do tempo, vamos perceber que certas mudanças sempre nos mostram outro lado da vida que nem imaginávamos que existia.

CLARO QUE NÃO DEVEMOS ACEITAR AS MUDANÇAS DA VIDA DE BRAÇOS CRUZADOS; NÃO É ISSO.

Ao contrário, precisamos estar alertas para quando a mudança, inclusive interior, acontecer, pois, assim, vamos ter mais força para seguir em frente, principalmente mudanças "trágicas" que não gostaríamos de passar.

Toda mudança traz em si a semente de algo melhor, mas somente para as pessoas que estão focadas no seu próprio destino, que realmente sabem aonde querem chegar e que aceitam a mudança de rumo com bom humor, resiliência e amadurecimento; conseguem viver o período de transformação da própria vida com sabedoria, aproveitando o momento para fazer ajustes necessários.

Segundo o educador Paulo Freire, "Mudar é difícil, mas é possível". O que ele tenta expressar é que gostamos da nossa zona de conforto e que, para sairmos dela, precisamos de algo que nos motive, que mostre qual recompensa teremos; caso contrário, é melhor ficarmos quietinhos em nosso lugar.

Mas para as pessoas mais experientes, mudar é mais do que necessidade; é uma maneira de evoluir, crescer em todos os sentidos da vida, pois ninguém deseja passar por ela sem viver outras emoções e experiências.

Todos nós sabemos que a vida é uma "caixinha" de surpresas, umas boas e outras nem tanto, mas sentar e ficar se lamentando não é uma atitude inteligente. O melhor mesmo é passar por processos de crescimento, o que na prática significa ter a disponibilidade e a coragem de saber que a vida tem sempre algo para nos ensinar e que, se não sairmos do nosso casulo, vamos viver para sempre reclusos dentro da nossa própria vida.

PRECISAMOS DE MUDANÇA, DE TRANSFORMAÇÃO, PARA VIVER A VIDA DE FORMA MAIS ATIVA E NÃO APENAS VIVER POR VIVER.

Perceba que você é uma pessoa muito melhor do que há cinco, dez anos, sabe por quê? Porque sofreu derrotas na vida e passou por problemas que o fizeram tomar novas atitudes. E não adianta ficarmos nos lastimando com os acontecimentos da vida; afinal, teremos sempre pela frente novos desafios a serem superados e, quanto mais força interior tivermos, mais ilesos vamos sair dos entraves da nossa existência.

É claro que não devemos mudar algo em nós mesmos sem ter um sentido de ser. Precisamos mudar no momento em que sabemos que do jeito que está não pode ficar. Vamos adiante, mais fortes, mais animados, mais fortalecidos interiormente com o intuito de desbravar novos horizontes e conquistar mais felicidade em nossa vida. A vida se vive para frente e não para trás.

E, por mais que a mudança nos provoque dor, e em alguns casos desconforto emocional, não podemos de forma alguma aceitar que a vida é assim mesmo.

Ao contrário, precisamos reunir toda nossa experiência adquirida ao longo dos anos e seguir mais determinados do que nunca rumo aos nossos sonhos mais ousados. Não tenhamos medo de mudar, do inusitado e de enfrentar os obstáculos da vida. Nós podemos muito; nós podemos mais. Que tenhamos sempre a força de um leão para avançar no doce sabor da vida. Avante sempre.

CAPÍTULO 21
QUANDO O CARISMA FAZ A DIFERENÇA

Como cita em seu livro impactante *Inteligência do carisma*, Heni Ozi Cukier[1], ao contrário do que muita gente pensa, o carisma não é algo nato e dom divino. Pode sim ser aprendido por qualquer pessoa que a isso se dedique. No livro, ele relata ao longo dos séculos quantos imperadores, reis, presidentes e tantos outros líderes usaram dessa fantástica arte do carisma para conquistar povos e nações.

Segundo Cukier, o carisma é a mais poderosa ferramenta desenvolvida através dos séculos e que tem impactado positivamente a vida de milhões de pessoas pelo mundo inteiro. E, na prática, como podemos usar a inteligência do carisma para vivermos melhor com as pessoas? E o que vem a ser o tão falado carisma pessoal?

Primeira coisa a considerar é que uma pessoa carismática passa a ser bem mais aceita na sociedade; afinal de contas, ninguém

---
1 CUKIER, Heni Ozi. *Inteligência do carisma*: Planeta, 2019.

gosta de conviver com pessoas ranzinzas e de um mal-humor que atrapalham seus relacionamentos.

E para que tenhamos um carisma "natural", precisamos dedicar um pouco de atenção a esta "naturalidade".

Você pode estar pensando: — "Se é o carisma é natural, eu não preciso me treinar para tê-lo". A questão aqui é que todos nós temos sim um carisma natural. Porém, com o passar dos anos e com os atropelos da vida, se quisermos, podemos criar uma capa em que nosso carisma fique "enfeitiçado".

Para entendermos isso na prática, veja as crianças quando são apresentadas a outras em algum parquinho ou numa festinha: logo logo elas estão brincando (depois até brigam um pouco, que é perfeitamente normal) e o que as atraiu foi simplesmente um sorriso de uma para com a outra.

Já na adolescência vamos percebendo que, para fazermos parte de algum grupo, vamos precisar usar do nosso poder de influência (carisma) para sermos melhor aceitos. Mais adiante, no período da paquera, entra novamente em cena o poder eletrizante do carisma para atrairmos aquela pessoa em especial.

Já na fase adulta, o carisma pessoal poderá fazer toda a diferença nas nossas relações de trabalho, em qualquer área que escolhermos para desenvolver o nosso ofício. Se soubermos trabalhar bem o nosso bom humor, a nossa carreira profissional poderá ter portas abertas com mais facilidade, que diga os profissionais de vendas, *marketing*, liderança, educadores que estão o tempo todo precisando convencer pessoas para o que desejam vender, inspirar ou ensinar.

É bom lembrar que carisma não é um sorriso falso para atrair alguém ou algo para nossos propósitos; não é imposto, forçado. Muito pelo contrário.

CARISMA É ALGO SIMPLES, NATURAL E QUE NOS AJUDA A VIVER MELHOR COM AS PESSOAS.

Perceba o poder de um sorriso carregado de um semblante sereno, tranquilo, pacificador. Portanto, preste muito bem atenção no seu dia a dia, como você tem usado o poder do seu próprio carisma para viver e conviver bem com as pessoas. E, detalhe, o carisma é algo tão fascinante que portas e corações são abertos simplesmente porque uma pessoa carismática sabe conquistar sem precisar fazer força; carisma natural é aquele que vem de dentro.

Notamos que uma pessoa é carismática quando fala com energia, cumprimenta as pessoas sempre com um largo sorriso no rosto e até o aperto de mão é diferenciado. E tudo isso podemos aprender e desenvolver melhor no nosso cotidiano ao lidarmos com as pessoas.

USE, ABUSE E DESFRUTE DO SEU PRÓPRIO CARISMA PARA VIVER MELHOR, AMAR MAIS E FAZER SEMPRE NOVAS AMIZADES.

Afinal de contas, a nossa maior marca pessoal deve vir de dentro de nós e precisa ser realmente verdadeira.

CAPÍTULO 22

NO MUNDO DOS ESTRESSADOS, QUEM TEM PACIÊNCIA É REI

Com certeza você já deve ter percebido que nesses últimos anos tem aumentado o número de pessoas estressadas com que precisamos conviver diariamente, seja no trânsito, no trabalho, na academia e até na nossa convivência familiar. Fica uma pergunta: por que tanto estresse? Parece que, se você não for uma pessoa estressada, você não é deste mundo.

CLARO QUE EM ALGUM MOMENTO TEMOS QUASE O DIREITO DE NOS ESTRESSARMOS COM ALGUMA COISA, MAS VIVERMOS O TEMPO TODO ESTRESSADOS, AFIRMO CATEGORICAMENTE QUE ISSO NÃO É NORMAL.

Também não quero dizer que devemos ser pessoas calmas demais, chegando até a sermos lentos em alguns casos; nada disso. O que quero afirmar é que mantermos a nossa mente calma diante dos aborrecimentos diários pode sim ajudar-nos, e muito, a tomarmos melhores decisões.

Pessoas estressadas demais acham que tudo de ruim só acontece com elas. As mais tranquilas sabem que tudo tem solução para quem sabe se controlar.

Pessoas estressadas demais complicam até coisas simples que poderiam ser solucionadas de forma mais harmônica. As mais tranquilas sabem esperar e agir no tempo certo e evitam qualquer tipo de atitude negativa que apenas atrapalhariam seus planos.

No mundo dos estressados, quem tem paciência obtém melhores resultados e tem uma vida muito mais harmoniosa em todos os sentidos. E o que precisamos fazer para ter paciência nessa vida tão agitada que levamos?

Em primeiro lugar, precisamos entender que o estresse além da conta só atrapalha e não ajuda em nada. Em segundo lugar, precisamos observar que pessoas altamente estressadas normalmente são negativas, que acham que tudo vai dar errado e claro que não conseguem bons resultados simplesmente porque focam demais no que pode dar errado e não no que pode dar certo.

Em terceiro lugar, podemos sim treinar-nos para diminuir o nosso estresse diário, seja fazendo exercício físico (com acompanhamento) seja fazendo uma caminhada diária, uma boa leitura, meditação, trabalho voluntário em asilos ou comunidades carentes, praticando a nossa espiritualidade; ou seja, podemos fazer algo que nos tire do estresse e nos encaminhe para uma maior paz interior.

O QUE NÃO VALE É ENTUPIRMO-NOS DE REMÉDIOS PARA DORMIR, PARA DEPRESSÃO OU PARA AZIA, MAL-ESTAR ETC.

Se continuarmos a fazer as mesmas coisas de sempre, os resultados serão sempre os mesmos e a nossa angústia só vai aumentar paulatinamente. Claro que mudar de hábitos que nos acompanham há anos não é fácil, mas, se dermos um passo de cada vez, teremos a oportunidade melhorar a nossa qualidade de vida de forma significativa, até porque qualquer atitude radical pode frustrar-nos mais adiante.

Temos a oportunidade diariamente de mudar a nossa vida para melhor, buscando ter mais paciência com o que nos acontece. Pessoas estressadas sabem o quanto perdem por não ter mais paciência quando mais podem precisar dela. Já as pessoas que têm mais paciência com os acontecimentos da vida conseguem se sair melhor.

Enquanto que uma pessoa estressada bloqueia sua mente para achar a solução para os seus problemas, as pessoas que cultivam sua serenidade, conseguem avançar mais e automaticamente atingem melhores resultados.

Então, é sempre muito bom procurar estressar-se menos para produzir mais. A vida sempre nos desafiará; portanto, quanto mais tranquilidade tivermos diante dos enormes desafios, mais autoconfiantes seremos para a realização dos nossos sonhos. Vale a pena lembrar quantas coisas negativas poderíamos ter evitado se tivéssemos mais calma nos momentos de maior pressão; na certa os resultados seriam outros.

> **SÓ PARA LEMBRAR: PACIÊNCIA NÃO É SINÔNIMO DE FICAR ESPERANDO AS COISAS DAREM CERTO POR SI SÓ; MUITO PELO CONTRÁRIO.**

Manter uma mente tranquila ajuda-nos a achar as melhores resoluções para os nossos problemas do dia a dia. Às vezes, a única coisa que devemos fazer é respirar fundo e manter a calma para seguirmos em frente e encontrar a solução do que tanto almejamos para a nossa vida pessoal ou profissional.

Calma! O mundo não vai acabar amanhã. Faça o que você pode fazer hoje e se mantenha sereno; afinal de contas, os estressados estão sempre achando um problema quando a solução aparece, enquanto que os pacientes conseguem vislumbrar a vitória onde parece haver só problemas.

CAPÍTULO 23
PODEMOS MAIS DO QUE IMAGINAMOS

Durante todo o percurso da nossa vida passamos por muitas situações negativas que muitas vezes nos tiram o ânimo de viver. Situações que não gostaríamos de ter vivido, como, por exemplo, a perda de um ente querido, um casamento desfeito, um negócio que não deu certo, entre tantas outras situações. Isso pode, de alguma forma, machucar a nossa autoestima e, por tabela, mexer com o nosso poder de ação.

Mas também são essas e tantas outras situações que têm o poder de nos amadurecer e nos tornar mais fortes e determinados. Porém, para que isso aconteça, precisamos fazer a leitura correta do que nos aconteceu de ruim.

Se eu lhe perguntar se você se acha uma pessoa melhor ou pior do que há cinco ou dez anos, na certa responderá que se sente uma pessoa bem melhor. Pois bem, essa sua provável resposta significa que os acontecimentos negativos de alguma forma o fortaleceram e o amadureceram. Daí é que precisamos entender que podemos muito mais do que imaginamos.

Mas muitas vezes, as pessoas são dominadas pelo medo, pela insegurança de tentar algo novo para sua vida, seja em qualquer área que queiram alcançar o sucesso.

DE UMA VEZ POR TODAS, O SER HUMANO PRECISA ENTENDER QUE GANHAR E PERDER FAZ PARTE DA VIDA E QUE APRENDER TANTO COM AS VITÓRIAS BEM COMO COM AS DERROTAS É O QUE REALMENTE FORTALECE A TODOS NÓS.

Temos dentro de nós mesmos um poder altamente capaz de nos fazer realizar tantas coisas que almejamos. Para usar bem esse poder interior, é preciso entender que tudo que nos acontece tem uma razão de ser; porém revoltar-se com algo ruim que nos aconteceu não é uma atitude sensata.

Quando algo que nos aconteceu não foi bom, precisamos entender que ali tem uma lição a ser aprendida. E também quando algo positivo aconteceu, também temos algo para aprender. A vida não é uma linha reta; temos sempre altos e baixos. Agora, só pessoas com a mente aberta sabem que podem tirar uma boa lição com tudo que lhes acontece.

NÃO ADIANTA SENTAR E SE LAMENTAR QUANDO COISAS TERRÍVEIS NOS ACONTECEM.

O melhor mesmo é sacudir a poeira, pensar nos próximos passos e começar a agir imediatamente. Não temos tempo a perder. A vida passa num segundo. E quem sabe vencer os obstáculos da vida é porque tem aprendido a usar de forma dinâmica o poder que existe dentro de si mesmo.

Se viver fosse fácil, na certa a nossa vida seria muito sem sentido; sem algo para realizar. E são justamente os problemas que enfrentamos que dinamizam a vida e vamos cada vez mais conquistando nossos sonhos e desejos mais ousados. Basta lembrar-se de quantas coisas já conseguimos na nossa vida e que valeu demais a pena não desistir quando sofremos derrotas temporárias.

Na vida teremos sempre dificuldades, mas também condições de vencer os obstáculos aparentemente instransponíveis. Só não podemos deixar-nos abater com aquelas situações que nos pegam de surpresa e que ficamos meio sem saber o que fazer.

Portanto, aprendamos cada dia mais a usarmos o nosso poder de ação e reação com o que nos acontece. Não vamos desistir ao sinal do primeiro obstáculo. Vamos redobrar nossa atenção, nosso foco e vamos seguir em frente com uma determinação fora do comum. Nós podemos mais; nós podemos ser felizes alcançando nossos objetivos.

POR MAIS QUE O MUNDO CONSPIRE CONTRA, A VITÓRIA SEMPRE APARECE NO FINAL.

Por mais que derrotas aconteçam, não vamos nos abater, mas usar toda a nossa força interior e permanecer firmes na fé, na coragem, na ousadia e na certeza de que vamos vencer.

CAPÍTULO 24
VIVENDO INTENSAMENTE

Com tantas coisas para fazer no nosso dia a dia, muitas vezes estamos passando pela vida sem viver intensamente. Viver é uma arte. Por isso, precisamos entender que não só de problemas vive o ser humano. Precisamos entender também que não podemos passar pela vida apenas pagando boletos, pois a vida é mais.

No exato momento em que entendemos todos os detalhes da nossa existência é que podemos realmente viver com mais dignidade. A felicidade parece que vive nos rodeando e que a gente não percebe porque está ocupado demais. Quantas pessoas acordam, tomam banho, café da manhã, vão para o trabalho, chegam à casa à noite só no "bagaço da cana" e vão dormir sem desfrutar da própria vida, fazendo tudo no automático?

TEM HORAS EM QUE PRECISAMOS DAR UM BASTA E COMEÇAR A DESFRUTAR DA VIDA DE OUTRA MANEIRA.

Claro que no nosso cotidiano vamos ter coisas para fazer, enfrentar problemas inesperados, nos aborrecer, mas nem por isso vamos nos deixar abater. Precisamos entender também que a vida é mais do que problema. A vida é o que fazemos dela o tempo todo e, se vivêssemos todos os processos da nossa existência com mais intensidade e mais verdade, talvez adoeceríamos menos. Vamos livrar-nos da depressão que atinge milhões de pessoas pelo mundo.

Viver é uma decisão e, com certeza, no momento em que mudamos os nossos paradigmas, começamos a desfrutar da nossa própria vida de uma maneira jamais imaginada. E como na prática podemos mudar a nossa vida para melhor? É interessante perceber que não vamos muito longe se não mudarmos a nossa maneira de encarar os nossos problemas diários.

PROBLEMAS SEMPRE VÃO EXISTIR E SÃO ELES QUE NOS FORTALECEM E QUE NOS AJUDAM A AVANÇAR NA NOSSA VIDA.

Depois é necessário exercitarmos o poder da atitude positiva, que na prática significa que precisamos focar no que realmente queremos para a nossa felicidade, pois, com tantos afazeres, muitas vezes esquecemos que temos o direito de escolher o que queremos para viver melhor.

Em seguida, podemos eliminar todos os excessos que estávamos cometendo, ou seja, trabalhando, nos aborrecendo, comendo, dormindo, adiando; tudo demais etc. Tudo na vida precisa de equilíbrio e cortar os "demais" da vida já é um bom começo.

Para uma existência com mais sentido e intensidade, é necessário também evitar pessoas negativas que sugam a nossa maneira positiva de viver. Na prática, é eliminarmos aqueles relacionamentos tóxicos que, além de não nos apoiar, torcem contra os nossos sonhos e projetos mais ousados. São os "sincericidas" aqueles que de alguma forma "matam" os nossos desejos mais intensos.

E, por último, é importante também, na busca da nossa autêntica felicidade, acreditarmos que podemos ir bem mais longe; que somos seres humanos dotados de inteligência divina e que é essa mesma inteligência que nos dá força, ânimo e que ilumina nossos pensamentos para que realmente possamos viver em plenitude e não pela metade.

A sua vida tem o porquê de ser, então, viva-a com prazer, verdade, intensidade e não pela metade. Acredite no seu poder interior e que você pode mudar a sua vida para muito melhor.

ACREDITE NO SEU PENSAMENTO INOVADOR E TOME AQUELAS ATITUDES QUE VOCÊ VINHA ADIANDO.

Viver não é fácil, mas podemos avançar cada dia mais com parcimônia e vontade de acertar mais. Quem busca a paz interior vai mais longe, se estressa muito menos e avança muito mais.

CAPÍTULO 25
A FORÇA NO PROPÓSITO DE VIDA

J á ouvimos muitas vezes que uma vida sem propósito é uma vida sem sentido. Cada ser humano, na sua essência, precisa ter um propósito para viver mais motivado para alcançar seus objetivos mais ousados.

Os nossos sonhos são o que nos mantêm animados, determinados e com uma força revigorante de seguirmos em frente com o intuito de ver nossos desejos mais íntimos sendo realizados.

Porém, muitas vezes, a vida parece sem nenhum sentido de ser. Isso acontece porque, durante a nossa jornada aqui na Terra, vamos passando por desilusões, ou seja, vamos nos frustrando quando não estamos alcançando os objetivos almejados, mas é preciso entender que vitórias e derrotas fazem parte da nossa vida e não é por isso que vamos simplesmente desistir de seguir adiante.

Com o passar dos anos, podemos perceber que nossos propósitos de vida precisam ser renovados. Isso porque, com a velocidade do mundo atual, alguns projetos que tínhamos em mente já não nos servem mais. Observe bem o que diz a letra dessa música do grande cantor e compositor Belchior:

> "VOCÊ NÃO SENTE NEM VÊ
> MAS EU NÃO POSSO DEIXAR DE DIZER, MEU AMIGO
> QUE UMA NOVA MUDANÇA EM BREVE VAI ACONTECER
> E O QUE HÁ ALGUM TEMPO ERA JOVEM E NOVO, HOJE É ANTIGO
> E PRECISAMOS TODOS REJUVENESCER".

Essa é uma mensagem de forte conteúdo para aqueles momentos em que nossa vida está estagnada e parece que nada de novo acontece. E aí que entra o perigo de ficarmos na nossa zona de conforto só observando o que vai acontecer-nos.

Porém uma pessoa com propósito bem definido sabe muito bem o que quer da vida e luta com todas as suas forças para alcançar. Essa mesma pessoa sabe que o caminho não é fácil, mas nem por isso cogita desistir; ao contrário, persevera e busca novas formas de atuação para manter-se firme e animada.

Problemas na vida, dificuldades, estresse emocional, todos nós temos, mas isso muitas vezes acontece quando tiramos o foco daquilo que realmente queremos; passamos apenas a usar uma energia absurdamente negativa e que muitas vezes nem percebemos.

EU E VOCÊ NA CERTA CONHECEMOS PESSOAS QUE, QUANDO CONVERSAMOS E PERGUNTAMOS COMO VAI A VIDA, ELAS ATÉ FALAM DOS SEUS PROJETOS, MAS DÃO MAIS ÊNFASE AO QUE ESTÁ DANDO ERRADO.

É aquele comerciante que só vive se lamentando que o faturamento da empresa vai de mal a pior. É aquele estudante que, a cada vez que não consegue entrar para uma faculdade, se lamenta que a concorrência só faz aumentar. Aquele professor que anda totalmente desmotivado com a carreira que abraçou devido ao salário que recebe no fim do mês e não faz nada de novo para melhorar seus rendimentos.

É aquele pai que só reclama que o filho não quer nada com a vida, mas não senta com ele para incentivá-lo a ter uma melhor postura com a vida. É aquele casal de namorados que briga mais do que namora simplesmente porque só consegue enxergar no outro defeito. Tudo isso acontece quando realmente desviamos a atenção do nosso propósito, ou pior ainda, quando já nem mais sabemos o que queremos da nossa própria vida.

Um propósito bem definido, e de preferência anotado em termos de metas, nos ajuda, e muito, a seguirmos o nosso caminho com uma bravura que nem mesmo nós sabíamos que tínhamos.

MANTER A VIDA EM MOVIMENTO É SABER ONDE ESTAVA, ONDE ESTÁ NO AQUI E AGORA E AONDE DESEJA CHEGAR.

Para isso, basta darmos uma olhadinha para trás e vermos quantas e quantas coisas já alcançamos na vida. Quantos derrotas já superamos e quanta energia ainda temos para não desistir pelo meio do caminho.

Precisamos avançar cada vez mais e melhor; afinal de contas, a vida é movimento, é dinâmica e não podemos ficar apenas nos lamentando quando as coisas não estão saindo como gostaríamos. Tudo na vida é aprendizado e só não aprende com as lições da vida quem não quer.

E, no mundo de hoje, existem muitas maneiras de avançarmos no nosso viver; encontre a que melhor o agrada e siga muito determinado para atingir seus verdadeiros propósitos de vida. E o melhor de tudo: quando estamos em movimento rumo aos nossos sonhos, é exatamente aí que a vida acontece.

Vamos em frente. Temos muito ainda o que conquistar. E como diz Lulu Santos: "Eu vejo a vida melhor no futuro". Pois é, só não vale ficar de braços cruzados esperando as coisas melhorarem. O futuro é agora. Faça-o valer a pena.

CAPÍTULO 26
O PODER QUE EXISTE NO AGIR

Diariamente somos bombardeados por problemas diversos, seja no âmbito pessoal seja profissional, e tem dia que parece que todos os problemas do mundo caem na nossa cabeça. Alguns problemas são tão sérios que parecem minguar nossas forças; parece que dessa vez não têm solução. É aí que tem que existir o poder do agir.

Quanto mais tempo passamos nos lamentando com o que nos ocorreu, mais tempo iremos perder por falta de ação.

PESSOAS MAIS EXPERIENTES SABEM QUE SENTAR E ESPERAR AS COISAS MELHORAREM NÃO É UMA ATITUDE CORRETA.

O melhor mesmo é levantar-se, criar coragem e usar com muita categoria o poder do agir, ou seja, não adianta ficar se lamentando. O melhor mesmo é usar toda energia, experiência, força de vontade, disciplina e seguir mais confiante do que nunca.

Todo problema em si traz a semente de uma nova perspectiva de vida. Porém, se ficarmos apenas olhando o obstáculo que temos pela frente, não vamos enxergar o alvo que fica mais adiante, ou seja, não vamos conseguir visualizar a solução do problema que tanto queremos.

A nossa vida é muito dinâmica e nunca vai ser uma linha reta. Problemas sempre farão parte da nossa existência. E quanto mais fortes formos interiormente, mais facilidade teremos para alcançar os nossos objetivos mais ousados.

A nossa força interior ficará adormecida até o momento em que resolvermos partir para o ataque e começarmos a tomar as medidas que os nossos problemas diários exigem de cada um de nós.

SEMPRE É BOM LEMBRAR QUE MUITOS DESAFIOS QUE JÁ ENFRENTAMOS NA NOSSA VIDA FORAM VENCIDOS PELAS NOSSAS ATITUDES E NÃO PELAS NOSSAS OMISSÕES.

Quem age, sai sempre na frente de quem se acomoda, obtém melhores resultados e não espera; faz acontecer. Então, fica claro que temos um poder enorme dentro de nós mesmos, que é o poder do agir; poder esse que nos leva a outra etapa da vida, que fortalece a nossa autoestima e mexe completamente com o nosso ser.

É claro que sempre teremos novos desafios na vida, mas, quando entendemos de uma vez por todas que está em nós mesmos a solução dos nossos maiores problemas, não vamos mais ter medo da vida; muito pelo contrário. Vamos percorrer os labirintos com uma determinação fora do comum; afinal de contas, viver é a arte de vencer obstáculos por mais difíceis que possam parecer.

Também é importante lembrar que só as pessoas seguras de si conseguem usar o poder do agir a seu favor e das pessoas com as quais vivem diariamente, pois não estamos sós nesse mundo; sempre teremos a oportunidade de ajudar os outros.

Outro detalhe é que as pessoas que usam o poder do agir, somam muito mais vitórias do que atropelos e avançam muito mais do que regridem na vida. Pessoas de ação são autoconfiantes e sabem aonde querem chegar. Pessoas decididas não se lamentam, não se cansam, não perdem o prumo da vida e se recusam a desistir.

PERCEBA VOCÊ QUANTAS COISAS JÁ CONQUISTOU NA VIDA PELO SIMPLES FATO DE AGIR NA HORA CERTA.

Lembre-se de quantas coisas deixou de conquistar por não ter agido no momento certo. Só que não podemos mudar o passado, mas sim fazer um futuro melhor tomando as rédeas da nossa própria vida.

Ninguém consegue permanecer no pódio mais alto da vida se recusando a resolver seus próprios problemas.

OS VITORIOSOS SERÃO SEMPRE AQUELES QUE SABEM O QUE QUEREM CONQUISTAR E NÃO TÊM MEDO DE ENFRENTAR OS MAIS COMPLEXOS PROBLEMAS QUE APAREÇAM À SUA FRENTE.

Jamais esqueçamos que desafios sempre teremos à nossa frente, mas, no exato momento em que usarmos o poder do agir, teremos muito mais resultados positivos e a nossa vida estará sempre andando para frente. Então, encaremos todos os desafios da vida com coragem e ação, pois quem espera sempre cansa e quem age obtém sempre os melhores resultados.

CAPÍTULO 27
DAS ANGÚSTIAS ÀS REALIZAÇÕES

Não há na face da Terra nenhum ser humano que nunca passou ou esteja passando por momentos de angústias, que são aqueles períodos da nossa vida em que parece que tudo perde o sentido; onde a nossa razão de viver parece não existir mais, onde nossos planos não acontecem e a vida fica totalmente insípida.

São em momentos críticos como esses que não podemos de forma alguma perder a esperança. Devemos lutar com todas as nossas forças interiores para sair dessas situações e voltar a ter uma vida com mais brilho, cor e sentido verdadeiro de ser.

Claro que sentir angústia de vez em quando é normal. O que não é normal é deixar-se contaminar por inteiro numa quase depressão sem fim.

HOJE EXISTEM INÚMERAS MANEIRAS DE O SER HUMANO BUSCAR FORÇAS PARA VENCER SEUS TRAUMAS E RETOMAR O SENTIDO DE SUA VIDA.

Alguns caminhos podem ser na sua fé ou espiritualidade, onde a pessoa mergulha dentro do seu íntimo e procura agarrar-se a um ser divino que pode tirá-la do fundo do poço. Outra atitude sensata é procurar ajuda psicológica para, por meio de conversas semanais ou mesmo quinzenais, colocar para fora tudo aquilo que vem incomodando, frustrando e deixando sua existência sem sentido.

Algumas alternativas são a contratação de um *Coach* especialista na área em que você precisa de ajuda, a leitura de livros e *e-books* que tenham a ver com sua necessidade do momento. Também conversar com pessoas mais experientes e que tenham algo a ensinar-lhe ou inspirar. Fazer uma viagem também pode ser uma atitude importante a ser tomada para conhecer novos lugares, pessoas e buscar um ar diferente para sua vida.

Esses são alguns caminhos que uma pessoa angustiada ou mesmo em depressão pode seguir para voltar a sorrir e a sentir o doce sabor de viver. O que não pode é deixar-se abater por muito tempo. Caso isso aconteça, como sabemos, a depressão toma conta e sair dessa situação fica muito mais difícil.

ENCARAR OS OBSTÁCULOS DA VIDA É UMA FORMA INTELIGENTE DE VIVER. É SABER QUE SEMPRE VAMOS TER PROBLEMAS E QUE COISAS NEGATIVAS E DEPRECIADORAS ESTÃO ACONTECENDO NA NOSSA VIDA.

E nessa forma inteligente de agir entra também a autorresponsabilidade, que é a ação da pessoa assumir tudo que acontece com ela mesma. Agindo dessa forma, ela terá sua própria vida em suas mãos e não nas mãos de outras do seu convívio. Uma pessoa determinada sabe que a vida é cheia de altos e baixos e que, quanto mais rápido agirmos, mais rápido sairemos da dificuldade que estamos enfrentando.

Problemas são, em sua essência, um grande professor da vida, pois estão sempre nos ensinando algo novo (que ainda não sabíamos como enfrentar). E quem der as costas para suas dificuldades, sempre se sentirá para baixo e verá suas forças minguarem.

Já a pessoa que sabe o que quer da vida, tropeça, cai, muitas vezes se arrebenta toda, mas levanta com muito mais força e segue sua vida com mais entusiasmo, fé, coragem, ousadia e disciplina, porque sabe que mais à frente outros obstáculos naturalmente aparecerão.

É claro que algumas situações inesperadas nos pegam de surpresa e a nossa própria mente nos diz que dessa vez estamos em apuros, mas quem é dono da sua própria vida sabe que todo problema, por mais difícil que seja, está esperando apenas que tomemos as atitudes necessárias para resolvê-lo.

Seja no âmbito profissional, financeiro, familiar, seja em qualquer área da nossa vida, as dificuldades sempre aparecerão e é aí que precisamos nos fortalecer com a nossa própria experiência; afinal, já passamos tantas coisas na nossa vida e não será dessa vez que vamos desistir, não é mesmo?

> **É PRIMORDIAL NOS MANTERMOS ALERTAS PARA QUANDO A TEMPESTADE CHEGAR ESTARMOS PREPARADOS, POIS MAIS CEDO OU MAIS TARDE ALGO INUSITADO APARECE PARA ATRAPALHAR NOSSOS PLANOS.**

Uma pessoa que sabe exatamente onde está e aonde deseja chegar não se assusta com os percalços da vida, pois tudo conspira a favor de quem tem uma mente inabalável e uma fé capaz de remover os maiores obstáculos da sua vida. E como diz um trecho da música do cantor Humberto Gessinger, "Não vim até aqui para desistir agora". Não é mesmo? Para frente é que se anda. Podemos mais, bem mais do que já alcançamos até aqui. Que jamais nos falte fé, amor, coragem e força interior para avançar mais e mais na nossa vida.

CAPÍTULO 28
SÓ FORÇA DE VONTADE NÃO BASTA

Querer avançar na vida todos nós queremos, mas não basta ter força de vontade; é preciso muito mais. Em primeiro lugar, é preciso ter um objetivo muito claro do que desejamos para a nossa vida como um todo. Em seguida, é preciso traçarmos metas ousadas e mensuráveis para sabermos se realmente temos condições de alcançar nossos objetivos. Depois, se faz importante procurar orientações de pessoas mais experientes para orientar-nos sobre qual melhor caminho precisamos percorrer. Essa é uma atitude louvável, simplesmente porque podemos evitar perder tempo com atitudes inexperientes que só atrasam o nosso sucesso.

Outro passo importante será aprender tudo o que pudermos sobre o que pretendemos alcançar. Hoje, com o fácil alcance de todos à *Internet*, podemos garimpar informações relevantes que nos orientem como devemos proceder em determinadas situações. Perceba, então, que não basta querer alcançar êxito nos nossos propósitos; é interessante abastecer-se de novos conhecimentos para que a jornada da vida não seja tão dolorosa. E com a facilidade que temos para conseguir informações, só não aprende quem não quer. Isso não quer dizer que não teremos dificuldades; não é isso.

É INTERESSANTE ENTENDER QUE TODO OBJETIVO A SER ALCANÇADO REQUER DE NÓS TALENTO, DETERMINAÇÃO, CONHECIMENTO E, CLARO, FORÇA DE VONTADE, MAS REPITO: SÓ FORÇA DE VONTADE NÃO RESOLVE.

Uma pessoa que sabe onde estava, está e quer chegar sabe muito bem que novos desafios sempre vão aparecer e nada melhor do que se preparar bem, buscando sempre novos aprendizados e maneiras de agir; afinal de contas, ter as mesmas atitudes de sempre nos levará a cometer os mesmos erros e começaremos a andar para trás em vez de irmos para frente.

É CLARO QUE A FORÇA DE VONTADE CONTA, E MUITO, POIS UMA PESSOA QUE NÃO TEM ÂNIMO SUFICIENTE PARA ENFRENTAR OS PERCALÇOS DA VIDA NÃO CONSEGUE IR MUITO LONGE.

Já a pessoa determinada enfrenta os obstáculos com bravura, inteligência e motivação interior. E com essas características vai vencendo todos os desafios de cabeça erguida. E, se em algum momento sofrer alguma derrota, não se abala por muito tempo; ao contrário, se levanta mais rápido, corrige o roteiro da sua jornada rumo ao que tanto almeja para sua vida e segue mais obstinada do que nunca.

Força de vontade é importante porque nos mantém motivados, mas sozinha ela não nos inspira a buscar novas soluções para os mais diversos problemas que vez por outra aparecem na nossa frente. Junto da nossa força de vontade precisamos contar também com a nossa própria coragem e determinação, pois juntas essas forças nos levarão bem mais longe.

Perceba no seu dia a dia quantas pessoas desistem de seus sonhos quando estavam tão perto de conquistá-los. Isso acontece porque muitas vezes estamos forçando a barra, usando demasiadamente a força de vontade e esquecemos que todo processo precisa de reajustes para não desanimarmos quando algo negativo nos acontecer.

Por essas razões citadas, precisamos prestar muita atenção em como anda a nossa vida nesse momento e se estamos dispostos a pagar o preço do sucesso e devidamente preparados para quando os problemas tentarem atrapalhar nossos planos. Quem sabe o que quer e porque quer vai muito mais longe, não tem medo dos empecilhos e se prepara para as mais difíceis batalhas da vida para alcançar êxito nos sonhos, nos seus projetos. Jogar a tolha é para quem tem medo de vencer.

OS CORAJOSOS NÃO DESCANSAM ENQUANTO NÃO ATINGEM SEUS OBJETIVOS.

Portanto, vamos renovar-nos sempre e usar da nossa inteligência para irmos bem mais longe do que já chegamos até aqui. Avante sempre.

CAPÍTULO 29
COMO ABASTECER-SE DE BOAS ENERGIAS

Nessas últimas décadas, o mundo inteiro vem passando por profundas mudanças das mais positivas, que vão desde a tecnologia ao avanço da medicina, bem como as mais variadas crises, desde as financeiras à pandemia do Coronavírus. E resta a nós, seres humanos, estarmos sempre nos preparando para o que vem a seguir, pois tudo aquilo em que focamos a nossa atenção tende a aumentar.

Claro que muitas coisas que acontecem com a humanidade independem dos nossos atos e pensamentos, como calamidade pública, guerras, tragédias etc. Por outro lado, existem muitas outras que dependem da nossa ação diária. Por isso, a importância de nos abastecermos sempre de energia positiva para que a nossa vida dê mais certo.

Na certa, você conhece pessoas que sempre focam no que mais de negativo está acontecendo no mundo. É o que podemos chamar do "correio da má notícia". E como sabemos, essa não é uma atitude sensata. O melhor mesmo não é ignorarmos o que acontece ao nosso redor ou no mundo inteiro, mas o que conta é a nossa atitude com o que nos acontece.

É BOM ENTENDERMOS TAMBÉM QUE PESSOAS MAIS OTIMISTAS, ENTUSIASMADAS PELA VIDA, OBTÊM MELHORES RESULTADOS NA SUA VIDA PESSOAL E PROFISSIONAL.

São aquelas pessoas que se recusam a ficar remoendo acontecimentos negativos; muito pelo contrário, elas focam exatamente no lado oposto, ou seja, conseguem sempre enxergar o lado bom do que acontece em suas vidas.

Uma pessoa que consegue diariamente abastecer-se de boas energias vive mais feliz, realiza mais, prospera mais e ainda consegue "contaminar" positivamente muitas outras pessoas. Já aquela que tem uma energia ruim não consegue ser feliz com o que tem. Está sempre se maldizendo. Para ela nada presta. O mundo é assim mesmo e a tendência é piorar. Pessoas assim têm uma forte tendência à depressão e a outras doenças psicossomáticas. Em alguns casos, é preciso até a ajuda de profissionais como o psicólogo ou um *Coach*.

Mas é claro que em algum momento da nossa existência passamos por situações tão complicadas que a nossa vida parece não ter mais jeito.

É aquele empresário que viu a sua empresa quebrar; o casal que, depois de tantos anos junto, resolveu separar-se, após tantas brigas sem fim; a mãe que perdeu um filho; o profissional que já está fora do mercado há um bom tempo.

Poderia citar muitos outros exemplos, mas cada um de nós já passou ou está passando por situações altamente difíceis, mas não podemos perder a fé; a esperança. Muito pelo contrário, precisamos em momentos assim redobrar a nossa atenção e nos alimentarmos de coisas boas e positivas para que nossa energia interior seja sempre renovada positivamente.

Não adianta ficarmos nos lamentando o tempo todo quando algo de ruim nos acontece; muito pelo contrário, precisamos é tomar rapidamente providências para que a nossa vida volte a ter sentido, pois quem age diante dos conflitos da vida evita maiores problemas.

O mundo pertence a quem está sempre buscando soluções para seus desafios diários com o semblante animado e um coração repleto de boas energias.

EM MOMENTOS DE ANSIEDADE, É IMPORTANTE MANTERMOS A CALMA E A SERENIDADE PARA NÃO PIORAR A SITUAÇÃO.

Uma pessoa com uma energia positiva sabe resolver os seus próprios problemas com mais assertividade e rapidez e não fica achando que o mundo é apenas tragédia e que tudo vai de mal a pior. O melhor mesmo é agir e tomar providências antes mesmo de coisas negativas acontecerem.

COMO DIZ O POETA: "QUEM SABE FAZ A HORA, NÃO ESPERA ACONTECER". NÃO É MESMO?

Que a partir de hoje possamos manter a nossa energia sempre positiva, pois precisamos dela para viver melhor e fazer a nossa vida ter sempre mais sentido.

CAPÍTULO 30
O PODER DA CALMA EM MOMENTOS DE TURBULÊNCIAS

Vez por outra a nossa vida parece que entra num estresse sem fim; que tudo que é ruim acontece de uma vez só, nos tirando a paz e a concentração. Os problemas aparecem de várias formas, seja no âmbito pessoal seja profissional, financeiro, ou mesmo de saúde. E com esse volume todo de preocupação, a nossa paz vai embora e somos bombardeados por pensamentos negativos.

Muitas vezes, isso tudo acontece porque estamos de alguma forma fragilizados em alguma área da nossa vida e fica difícil reagirmos bem diante de tantos desafios. Mas, com o passar dos anos, vamos somando experiência e entendendo que tudo na vida tem um sentido de ser e quem conseguir manter a calma, mesmo em momentos de turbulência, consegue resolver seus problemas com mais tranquilidade.

Podemos perceber claramente que a uma pessoa com a mente agitada lhe falta percepção sobre como resolver seus problemas mais complexos.

UMA PESSOA EXALTADA DEMAIS PERDE A NOÇÃO DAS COISAS E, EM VEZ DE SEUS PROBLEMAS DIMINUÍREM, ACABAM PIORANDO.

Já uma pessoa que consegue manter o equilíbrio emocional diante dos grandes desafios da vida, em média, consegue melhores resultados e acaba resolvendo as situações mais complexas de forma mais tranquila sem se abalar tanto.

Perceba você, quantas vezes algo que parecia ser um problema pequeno acabou gerando situações mais danosas simplesmente porque não deu a devida atenção quando o problema ainda estava em estado inicial?

Lembre-se também de que em outras situações, quando algo complicado começou a atrapalhar seus planos e você tomou logo as providências, quando menos esperou, o problema já estava resolvido. Então, fica claro que, quanto mais calma e equilíbrio emocional tivermos, mais energia positiva podemos usar para resolver os nossos problemas.

MUITAS PESSOAS ACABAM PIORANDO AS SITUAÇÕES QUE PRECISAM RESOLVER PORQUE NÃO CONSEGUEM MANTER-SE CALMAS E DEIXAM O ESTRESSE TOMAR CONTA. SENDO ASSIM, AS SOLUÇÕES QUE TANTO NECESSITAM ACABAM DEMORANDO A APARECER.

Diante do inesperado, de situações problemáticas, o melhor mesmo é procurar relaxar um pouco, conversar com pessoas mais experientes, assistir a algum vídeo motivador na *Internet* e procurar inspirar-se para deixar a sua mente mais tranquila com o intuito de que as respostas para os seus dilemas aparecerão naturalmente.

Isso não quer dizer que a pessoa vai ficar de braços cruzados esperando uma solução cair do céu; não é nada disso. O que falamos aqui é de a pessoa procurar alternativas emocionais para resolver seus problemas mais diversos, pois uma mente conturbada não nos ajuda em nada e só faz piorar a situação.

A neurociência tem realizado profundos estudos sobre as nossas emoções e tem orientado que uma pessoa abalada com seus infortúnios precisa a todo instante buscar sua paz interior para que volte ao seu estado normal de equilíbrio para resolver seus problemas com mais parcimônia e equilíbrio interior.

Muitas vezes, a solução das nossas maiores dificuldades está tão perto de nós e não conseguimos enxergar simplesmente porque estamos ocupados demais com os nossos problemas.

Calma e paz interior têm o poder de nos inspirar a uma vida com mais harmonia. Uma pessoa altamente estressada e estressante não vive bem nem consigo mesma, nem com os outros ao seu redor. Uma pessoa equilibrada adoece menos, ou seja, se livra das doenças psicossomáticas que vêm perturbando a vida de milhares de indivíduos pelo mundo.

UMA PESSOA QUE CONSEGUE MANTER-SE MAIS TRANQUILA, VIVE MAIS E MELHOR E CONSEGUE MELHORES RESULTADOS EM SUA VIDA COMO UM TODO.

Claro que se manter calmo não significa ficar esperando. Então, o segredo da felicidade pode estar justamente na nossa maneira de encarar os problemas da nossa vida. Sentir-se uma pessoa feliz e realizada é o que todos nós queremos; portanto, façamos de tudo para merecermos.

Vamos, então, manter o nosso equilíbrio emocional em todas as situações; afinal de contas, tudo nessa vida tem solução, não é mesmo? Faça a sua parte: mantenha-se no controle da sua existência e colherá melhores resultados.

CAPÍTULO 31
SER UMA PESSOA FLEXÍVEL FAZ TODA A DIFERENÇA

Já vai longe o tempo em que as pessoas eram muito radicais com suas opiniões e no seu jeito de agir, mas infelizmente nos tempos de hoje ainda encontramos muitas pessoas que se orgulham de serem radicais.

ENTENDA POR RADICAL AQUELA PESSOA QUE SE SENTE A DONA DA VERDADE EM TUDO E QUE NÃO RESPEITA NEM SEQUER DESEJA SABER QUAL A OPINIÃO DAS OUTRAS PESSOAS.

Uma pessoa radical vive num mundo exclusivamente seu e prefere, de alguma forma, viver isolada para não ter suas ideias e opiniões confrontadas por outras pessoas. Encontramos pessoas assim na família, no trabalho, na comunidade, nas igrejas etc. E como sabemos, não é nada positivo lidar com pessoas de caráter forte que não se abrem para um debate mais plausível.

Podemos perceber ao nosso redor que pessoas que possuem alto grau de radicalidade perdem muito mais do que ganham na vida simplesmente porque não são pessoas flexíveis, que não conseguem adaptar-se com os acontecimentos da vida.

Até as anedotas que se atribui a Sr. Lunga são ao mesmo tempo engraçadas, bem como um alerta para não sermos assim também. Para Sr. Lunga, a resposta está sempre na ponta da língua:

— Sr. Lunga, que horas são?
— Por que não compra um relógio?
— Sr. Lunga, tá saindo da farmácia. Está doente?
— Se eu estivesse saindo do cemitério, estaria morto?

Entre anedotas e a vida em si, é sempre muito bom lembrarmos que ser uma pessoa mais flexível diante dos acontecimentos da nossa vida pode fazer toda a diferença, pois nenhuma pessoa radical demais vai muito longe.

É preciso entender também que ganhamos muito mais do que perdemos quando, em algumas situações, pensamos duas vezes e voltamos atrás da nossa própria decisão. E isso não é um ato de incoerência; muito pelo contrário, é uma atitude sensata que nos leva a seguir adiante.

Quem mantém a mente fechada e acha sempre que sabe de tudo e que só ela tem a resposta para tudo, acaba de alguma forma sendo ridicularizada pelas pessoas em volta, pois ninguém gosta de trabalhar ou mesmo conviver com pessoas assim.

SER UMA PESSOA FLEXÍVEL NÃO QUER DIZER SER UM SER HUMANO QUE MUDA DE OPINIÃO E POSTURA O TEMPO TODO. NÃO É ISSO.

Muito pelo contrário. É uma pessoa que sempre sabe olhar os dois lados da moeda e, quando se faz necessário, muda sua atitude em relação a algo, mesmo que perca por algum momento, mas o resultado final é o que interessa a todos, pois não é nada bom sair ganhando em alguma situação e não ter com quem comemorar.

E nos tempos de hoje, em que cada vez mais dependemos uns dos outros, precisamos ser mais flexíveis com a nossa vida como um todo para que possamos somar mais do que dividir forças.

Uma mente aberta está muito mais sujeita a vitórias do que a derrotas; enquanto que uma mente fechada prejudica a nossa vida de alguma forma. Ser uma pessoa flexível em seu jeito de ser é ter temperança, ou seja, saber sempre a dose certa na forma de falar e de agir.

E todo cuidado é pouco nas nossas atitudes diárias, pois é muito importante saber lidar com nossos conflitos pessoais e com as pessoas com que convivemos. E no ambiente de trabalho, ser um profissional que sabe posicionar-se sem ser radical faz toda a diferença.

Abramos a nossa mente para entender melhor o que está acontecendo ao nosso redor e procuremos da melhor forma possível acertar mais do que errar, mas para isso vamos precisar ser mais flexíveis com todos os assuntos da nossa vida. E jamais nos esqueçamos de que os radicais de plantão nunca verão seus sonhos realizados simplesmente porque o mundo gira rápido demais para não nos adaptarmos a ele.

Que sejamos flexíveis quando a situação pedir e mais benevolentes com aqueles com que convivemos no nosso dia a dia.

E QUE A NOSSA MENTE ESTEJA SEMPRE ABERTA PARA ENTENDERMOS O PONTO DE VISTA DAS OUTRAS PESSOAS.

Uma mente fechada só nos prejudica; uma mente aberta sempre nos inspira a uma vida melhor.

CAPÍTULO 32
QUÃO IMPORTANTE É SER ALTRUÍSTA

No corre-corre da vida, muitas vezes nos passa despercebido que precisamos colaborar mais com as pessoas. Estamos vivendo numa época em que não paramos nem para nos alimentar direito, pois precisamos trabalhar, conquistar e prosperar sempre mais e, nessa correria, nos falta a percepção de que o mundo a nossa volta precisa da nossa atenção e da nossa ajuda, bem diferente de alguém que consegue viver em equilíbrio na maior parte do seu dia e, assim, lhe sobra tempo para colaborar com as pessoas, ou seja, ser mais altruísta e não pensar só em si mesmo.

Podemos perceber claramente que não existe atitude melhor do que colaborar com as pessoas a nossa volta, seja com nossos familiares, colegas de trabalho seja com qualquer outra pessoa da nossa comunidade, pois assim a nossa vida passa a ter mais sentido.

Precisamos urgentemente prestar mais atenção às pessoas. O mundo está passando por crise atrás de crise e isso acende um alerta dentro da nossa mente e nos anuncia que precisamos urgentemente fazer alguma coisa para ajudar o próximo.

SE NÃO SAIRMOS DO NOSSO CONFORTO E NÃO FORMOS AO ENCONTRO DO PRÓXIMO, NOSSA VIDA FICARÁ SEM SENTIDO E O EGOÍSMO TOMARÁ CONTA DE TODO O NOSSO SER.

É necessário e urgente colaborar com as pessoas de diversas formas, seja com a nossa atenção, seja com uma ajuda profissional ou mesmo financeira, ou até mesmo a nossa presença ao lado de alguma pessoa que está passando por um momento difícil em sua vida.

E o interessante de sermos mais altruístas é que, quanto mais ajudamos as pessoas, estamos de forma indireta ajudando a nossa própria autoestima, pois ela se sente muito bem fazendo o bem às pessoas; não importa quem seja.

Porém, no mundo apressado em que estamos mergulhados, se não dermos um tempo para tudo que somos obrigados a fazer dia a dia, vamos viver por viver e automaticamente nos tornando pessoas frias, que não querem ou não têm tempo para colaborar com outras, mas é preciso acreditar veementemente que podemos mudar a nossa maneira de ser e de agir em relação ao próximo.

Podemos fazer a diferença e sair da nossa inércia que paralisa e castiga e ir ao encontro daquelas pessoas que tanto precisam da nossa atenção, seja com palavras, seja com atitudes.

NÃO SEREMOS COMPLETAMENTE FELIZES ENQUANTO NÃO FIZERMOS BEM A NOSSA PARTE AQUI NESTE PLANETA QUE VIVE PASSANDO POR CALAMIDADES SEM FIM.

Lembra da quarentena por causa da Covid-19? Pois é, podemos assistir através da TV tantos gestos de solidariedade, tantos entrevistados nos passando dicas sobre como ficarmos em casa e aproveitarmos melhor o tempo ocioso. Quantas famílias reunidas "presas" em casas puderam colocar o papo em dia. Quantas pessoas foram às sacadas dos prédios para cantar juntas e agradecer e rezar pelo pessoal da saúde que bravamente lutou contra a pandemia.

Não faltaram gestos de carinho e atenção quando o Coronavírus entrou em cena. E tenho plena certeza de que todos aqueles gestos podem ser repetidos no nosso cotidiano. Aprecio muito uma frase que diz: "Quando estamos ajudando alguém a resolver os seus problemas, Deus está cuidando dos nossos", simples assim. O momento de colaborar é agora. Quer ser mais feliz, ajude o outro a ser feliz. Quer ter mais paz, ajude o próximo a encontrar a paz.

QUER VIVER MAIS EM HARMONIA, DÊ MAIS ATENÇÃO ÀS PESSOAS À SUA VOLTA.

Nunca é tarde para sermos pessoas mais altruístas, ou seja, as que ajudam, que entendem o sofrer do outro e fazem algo para amenizar a sua dor. Sempre é tempo de sairmos do conforto da nossa existência e irmos ao encontro dos mais necessitados, seja de um prato de comida, seja de um agasalho para dormir ou mesmo de um simples ombro para chorar suas mágoas e decepções.

O mundo pode ser muito melhor se cada um de nós fizer a sua parte. Quando? Agora. Neste exato momento.

Podemos ter tempo para o trabalho, para a família, para a comunidade, para o lazer e tempo para ajudar alguém a ser mais feliz. Lembra da música que diz: "Fica sempre um pouco de perfume nas mãos que oferecem rosa, nas mãos que sabem ser generosas". Essa canção resume tudo o que nós podemos fazer daqui por diante.

CAPÍTULO 33
NA PRESSA, NEM SEMPRE APROVEITAMOS O MELHOR DA VIDA

Foi preciso o mundo parar durante a quarentena de combate ao Coronavírus para o ser humano aprender a valorizar as coisas mais simples da vida, como, por exemplo, aproveitar melhor o tempo com a família, ler um bom livro, dar uma geral na casa, assistir a uma boa programação na TV e, principalmente, entender que a vida é muito mais do que trabalho e boletos para pagar.

Na pressa que muitos ainda insistem em viver, falta o principal: viver; viver intensamente. E isso só vai ser possível quando cada um de nós entender que devemos voltar à nossa origem e valorizar mais as pessoas à nossa volta, pois muitas vezes só sentimentos a necessidade de estarmos juntos novamente quando aquela pessoa que amamos nos deixa e parte para outra vida.

DIMINUIR A VELOCIDADE DOS ACONTECIMENTOS É DE UMA IMPORTÂNCIA ENORME, SE REALMENTE QUEREMOS VIVER A VIDA DOS NOSSOS SONHOS.

Precisamos voltar a valorizar o que realmente tem valor. Não que o trabalho e as obrigações do nosso dia a dia não sejam importantes; claro que são. Mas não podemos mais viver no automático, acordar, ir para o trabalho na pressa, voltarmos à noite, jantar, assistir a algum noticiário deprimente e depois ir dormir novamente. Isso não é vida. Isso são apenas deveres a serem cumpridos.

E a vida? "A vida fica para depois", pode responder alguém muito ocupado e que nem tem noção de que viver é sentir o prazer em tudo o que se realiza. Que viver é estar presente no presente e não no daqui a pouco. Viver é experienciar o sentido real da vida. Não podemos mais adiar a nossa felicidade.

VIVER É UM ATO DE SOBREVIVÊNCIA E PRECISA SER AQUI E AGORA.

O mundo continua lindo, mas, na pressa, nem percebemos mais o nascer do sol, não vemos mais nossos filhos crescerem, não temos tempo para visitar nossos pais (quem ainda os tem vivos). Estamos limitando nossos contatos com as pessoas apenas através de correntes nas redes sociais que compartilhamos e nem sequer entendemos direito o que aquela mensagem tinha a ensinar-nos. Estamos perdendo um tempo precioso da nossa vida, pois estamos sem tempo para viver.

Mas será que isso tem solução? E, na prática, o que podemos fazer para viver a vida que tanto sonhamos? O primeiro passo é viver cada momento do nosso dia de forma intensa e verdadeira. Se estivermos no trabalho, que possamos trabalhar com foco total naquilo que precisamos realizar. Se estivermos com nossos familiares, que posamos esquecer por um instante o nosso celular num canto e prestar mais atenção às pessoas que tanto dizemos que amamos. Se estivermos numa festa, numa igreja, numa comemoração, num parque, numa praia, que possamos contemplar as pessoas que estamos encontrando nesses momentos tão importantes de nossa vida.

Podemos perceber, portanto, que o melhor da vida é e sempre serão as pessoas com que convivemos e que vamos encontrando no percorrer do nosso cotidiano. Percamos a pressa. Percamos o medo de viver, pois só vamos encontrar o verdadeiro sentido da vida quando pararmos e analisarmos que a vida estamos levando que anda tão sem sentido. Viver é um verbo no presente.

NÃO VAMOS PERDER A CHANCE DE PROVAR O DOCE SABOR DA VIDA, POIS OS MOMENTOS NÃO VOLTAM MAIS E SE LAMENTAR DEPOIS SERÁ TARDE DEMAIS.

E como diz a música tão bem interpretada pelo cantor Lulu Santos: "Nada do que foi, será de novo, como já foi um dia, tudo passa, tudo sempre passará... tudo que se ver, não é, de novo como já foi um dia...".

Acreditemos cada dia mais. Viver intensamente é o que podemos fazer ainda, pois o futuro não nos pertence. Abracemos a vida com todas as nossas forças e só assim seremos muito mais felizes. "Viver e não ter a vergonha de ser feliz..."

CAPÍTULO 34
QUANDO A QUEDA É GRANDE, A NOSSA FORÇA PRECISA SER MAIOR

Quem de nós nunca passou por profundas quedas na vida, seja no âmbito pessoal, profissional, financeiro seja mesmo em algum relacionamento? Toda pessoa que habita este planeta, em algum momento da vida, mesmo contra a sua vontade, sofreu algum tipo de derrota, retrocesso, que acabou a abalando profundamente. E em momentos assim parece que nos falta o chão e que a vida de repente parece não ter mais graça.

É fácil chegarmos para alguém que está passando por um processo muito difícil e dizermos a ela para pensar positivo e que tudo vai dar certo. Porém, quem está com a alma à flor da pele sabe o quanto está sofrendo, o quanto aquele momento é destruidor, mas o interessante é que aprendemos muito mais com os atropelos da vida do que com as vitórias.

É importante entendermos que, quando estamos no fundo do poço, onde parece que não existe mais saída, esse é o momento que a nossa fé é testada. Em momentos de grande decepção interior que nós precisamos fazer um balanço sério da nossa vida e começar a mudar as nossas atitudes para atitudes mais louváveis, pois, se estamos vivendo algum infortúnio, é porque temos algo a aprender.

A DOR TRAZ SEMPRE UM ENSINAMENTO GRANDE PARA O NOSSO VIVER, MAS SÓ AS PESSOAS ACORDADAS PARA A VIDA É QUE VÃO ENTENDER O QUE ESSA MESMA DOR LHES ENSINA.

É verdade também que, quando o ser humano está às voltas com seus problemas, suas angústias, falta-lhe, muitas vezes, uma visão mais ampla dos acontecimentos e manter as mesmas atitudes esperando resolver seus problemas mais sérios não será nunca uma atitude sensata.

É necessário, em momentos de crises, manter a humildade e aprender tudo que puder com os retrocessos da nossa existência; afinal quem nunca se viu mergulhado num mar de angústias e incertezas? A vida se vive de cabeça erguida.

PROBLEMAS SEMPRE VÃO EXISTIR E FAZEM PARTE DA NOSSA EXISTÊNCIA. FUGIR DOS MESMOS NÃO É ALGO SENSATO QUE PODEMOS FAZER.

Encarar os desafios é uma ação apropriada para quem deseja voltar a ser feliz; para quem pretende vencer todos os obstáculos que a vida lhe oferecer. Sempre é oportuno lembrar que, para se adquirir coragem na vida, é de suma importância não fugir dos problemas, pois, cada vez que fugimos dos problemas, eles simplesmente aumentam de tamanho e acabam vindo mais fortes do que antes.

Detalhe importante a considerar que tudo na vida passa, assim como os nossos problemas, mas quando a queda for grande, maior deve ser a força de erguer-nos mais rápido ainda. Ficar lamentando-se não nos ajuda em nada. O momento da queda é também o de ressuscitar em nós a força de ser feliz, mesmo que tenhamos um preço alto demais a pagar.

Não podemos ficar de braços cruzados na nossa zona de conforto esperando os problemas se resolverem por si só. Precisamos fazer algo e urgentemente, pois, quanto mais demorarmos pensando no que nos aconteceu, pode nos faltar força para agirmos imediatamente.

Os fortes serão sempre aqueles que não se angustiam por muito tempo com as quedas da vida, mas se levantam e arregaçam as mangas, dizendo para si mesmos: "Agora é comigo. Pode vir o que vier, estou pronto para vencer". Pode ter certeza de que quem age logo no primeiro momento do impacto tem melhores chances de sair mais forte com o que lhe aconteceu.

A VIDA PASSA RÁPIDO DEMAIS PARA FICARMOS NOS LAMENTANDO COM OS ACONTECIMENTOS NEGATIVOS.

É preciso ação, ousadia e coragem para não perdemos tempo com as derrotas que a vida sempre nos apresenta. E o melhor de tudo é que, a cada novo problema superado, ficamos mais fortes do que nunca. Não fujamos dos nossos desafios; vamos para cima com toda a nossa força e nossa experiência de vida.

CAPÍTULO 35

O QUÃO IMPORTANTE É CUIDAR DA PAZ INTERIOR

Não é nenhuma novidade que o mundo em que estamos vivendo passa por profundas e dolorosas mudanças. E nesse vai e vem descontrolado de tantas coisas para serem feitas, a nossa paz interior fica totalmente comprometida e, automaticamente, a nossa autoestima também muitas vezes fica em baixa.

É BOM ENTENDERMOS QUE A PAZ DE ESPÍRITO NÃO É AQUELA PAZ EM QUE ESTÁ TUDO BEM E QUE NADA NOS ATINGE.

Paz de espírito na prática é ter um alto amadurecimento espiritual em que as coisas desse mundo não conseguem tirar-nos do prumo, ou seja, vamos vivendo o dia a dia com mais parcimônia e a vida segue seu destino. Mas será que é possível termos paz nesse mundo tão desenfreado? Será que a paz interior é tão importante assim? Existe algum ser humano na face da Terra que consegue ser verdadeiramente feliz mesmo com seus problemas diários?

Podemos afirmar com todas as letras que é possível sermos pessoas mais realizadas, mais felizes e com paz de espírito. Todavia, para que isso aconteça, é necessário que mudemos alguns hábitos e passemos a ser donos da nossa própria vida. Também vamos precisar entender que problemas e desafios fazem parte da nossa existência e que fugir dos mesmos não é uma atitude sensata.

Porém, no exato momento em que entendemos que vamos ter dificuldades na nossa vida, podemos tomar as rédeas do nosso ser e do nosso viver e vamos assim lidar melhor com tudo aquilo que nos acontece diariamente, sejam coisas boas sejam ruins.

Se tem algo que muitas vezes estamos nos esquecendo de usar é o nosso livre-arbítrio, o que na prática quer dizer que somos nós mesmos que dirigimos a maior parte do tempo os acontecimentos da nossa vida.

SE USARMOS MELHOR O NOSSO PODER DE DECISÃO (LIVRE-ARBÍTRIO), NA CERTA VAMOS FAZER MELHORES ESCOLHAS.

Mas infelizmente muitas e muitas vezes sabemos o que é certo e, por alguma razão, vamos ao errado. Sabemos que comer demais nos prejudica a saúde, mas não ligamos para isso; que nos preocuparmos demais com o trabalho também nos prejudica bastante e não fazemos nada para reverter esse quadro; que dormir tarde demais faz mal para o nosso sistema imunológico, mas não estamos preocupados com isso, pelo menos agora.

São essas e tantas outras atitudes negativas que nos tiram a paz de espírito, pois poderíamos ter outro estilo de vida, mas no momento não fazemos nada. O complicado é que, quanto mais adiarmos a nossa mudança de vida, mais a nossa paz interior ficará comprometida e dia após dia vamos cometendo os mesmos hábitos insanos.

Claro que no trabalho temos contrariedades; que também nos alimentamos mal de vez em quando, mas, quanto mais deixarmos para depois nossa mudança de hábitos, vamos continuar adoecendo e, como sabemos, a doença entra na nossa vida por meio das preocupações e da boca.

Sempre é tempo de mudar, basta ter mais sensibilidade com as coisas que nos acontecem e procurarmos não levar a vida tão a sério, pois todo problema traz em si a semente de benefício muito melhor, como já dizia o grande escritor Napoleon Hill.

Podemos perceber que nas nossas amizades sempre encontramos pessoas saudáveis emocionalmente, ou seja, pessoas que não se deixam abalar com os problemas do dia a dia. Alguns podem pensar que essas são pessoas frias, mas, na prática, são elas que sabem equilibrar suas vidas da melhor forma possível. São aquelas que já aprenderam bastante com os percalços do seu cotidiano e não se deixam abalar por qualquer coisa que atrapalhe o roteiro de suas vidas. Essas pessoas sabem a hora de agir e a de silenciar. Sabem também que cuidar da saúde emocional é prioridade para quem não deseja adoecer.

E que tal, a partir de hoje, eliminar da nossa vida aquelas atitudes que não nos acrescentam nada?

QUE TAL VIVER UMA VIDA DIFERENTE, EM QUE OS PROBLEMAS NÃO INTERFIRAM NA NOSSA MANEIRA DE SER E DE VIVER?

Agindo dessa forma, a nossa paz interior estará protegida e, aconteça o que acontecer, vamos sempre dar a volta por cima, até porque uma mente tranquila consegue raciocinar melhor e com mais equilíbrio; enquanto que uma mente perturbada e estressada só toma atitudes erradas que só agravam os problemas.

Cultivemos a nossa paz interior com sabedoria, pois viver em paz não tem preço que pague. E como diz Roberto Carlos na música *Emoções*:

> "Em paz com a vida
> E o que ela me traz
> Na fé que fez faz
> Otimista demais
> Se chorei ou se sorri
> O importante é que emoções eu vivi".

CAPÍTULO 36
LIVRANDO-SE DAS CRENÇAS LIMITANTES

Querer progredir na vida todo mundo quer. Ser feliz é o objetivo de todos nós. Mas por que será que tantas pessoas desistem pelo meio do caminho? Por que tantos sonhos viram frustrações? Por que tantas pessoas vivem uma vida medíocre, se poderiam ter uma vida muito mais plena?

Quem já teve a oportunidade de conhecer um pouco (ou talvez um muito) do processo de *Coaching*, conhece o verdadeiro motivo de tantas pessoas não alcançarem seus objetivos mais ousados.

SEGUNDO PESQUISAS, O SER HUMANO É FACILMENTE DERROTADO POR SUAS CRENÇAS LIMITANTES.

Quantas vezes, ainda quando somos crianças, ouvimos nossos pais dizerem: "menino, para com isso, você não aprende que isso não é para você?". Ou ainda: "você não é capaz de entender o que estou lhe dizendo agora. Vá já para o seu quarto".

Claro que a intenção dos nossos pais não era no limitar, mas inconscientemente o nosso cérebro aceita tudo que ouvimos e vemos ainda na primeira fase da nossa vida e, ao crescermos, somos nós mesmos que nos limitamos e nem percebemos que poderíamos ir bem mais longe se quebrássemos alguns "rótulos" que o mundo pregou em nossa testa.

Por meio do processo de *Coaching*, a pessoa começa a entender que pode ir mais à frente; que pode passar a acreditar mais em si e, principalmente, começa a atingir objetivos importantes que antes eram tidos como impossíveis.

Desde os primeiros filósofos e psicólogos, ouvimos falar que toda crença tende a perpetuar-se em nossa vida, seja ela verdadeira ou não. Então, todo cuidado é pouco para não nos contaminarmos com o vírus do "eu não posso", "eu não sou capaz", "eu não consigo", "não sou preparado para esse desafio".

Se não vigiarmos os nossos pensamentos, não vamos conseguir bloquear esses vírus tão poderosos que tentam atingir-nos e nos tirar nossa forçar interior de seguir em frente com o intuito de fazermos o melhor que podemos.

Crenças limitadoras são aquelas crenças falsas que são incutidas na nossa cabecinha e que, segundo o Dr. Augusto Cury, dá muito trabalho para tirarmos, pois, uma vez que acreditamos em algo, o nosso cérebro fará de tudo para que isso se realize.

DE OUTRA FORMA, NO MOMENTO EM QUE PASSAMOS A QUEBRAR ESSA CORRENTE NEGATIVA DO "EU NÃO POSSO" PARA A CORRENTE POSITIVA "SIM, EU POSSO, EU CONSIGO", A NOSSA EXISTÊNCIA PASSA A TER UM NOVO SENTIDO.

Naturalmente, vamos nos sentir mais motivados, mais inspirados e nenhum bloqueio falso irá nos impedir de avançarmos rumo aos nossos sonhos mais ousados. Quantas coisas o ser humano achava que era impossível e hoje podemos contemplar com alegria o céu repleto de aviões para lá e para cá? Quem já imaginou comunicar-se com outra pessoa do outro lado do planeta por meio de uma câmera de celular? Nos esportes, quantos recordes já foram batidos? E olhe para você mesmo agora. Lembre-se de quantas conquistas já teve na vida, que antes julgava impossíveis de conseguir? Pois é. Quem tem a mente fértil de boas ideias, acredita em si mesmo e se prepara constantemente para os desafios do cotidiano, não se assusta e vai sempre em busca demais.

Não tem alegria maior de vermos os nossos sonhos sendo realizados um por um. O prazer da conquista aumenta a nossa imunidade contra o vírus do "eu não sou capaz" e ainda por cima nossa autoestima entra em festa a cada nova etapa vencida.

Mas para que tudo isso aconteça, precisamos buscar novas informações que nos alimentem e nos deem forças para avançarmos nos nossos projetos sem esmorecer diante dos problemas que vamos encontrando.

SOMOS SERES DIVINOS TENDO UMA EXPERIÊNCIA TERRENA. SENDO ASSIM, PRECISAMOS ACREDITAR QUE PODEMOS MAIS E CHEGAR AONDE ANTES NÃO ACREDITÁVAMOS QUE PODERÍAMOS.

Como diz o poeta da canção: "Quem sabe faz a hora. Não espera acontecer".

CAPÍTULO 37
É NO SILÊNCIO QUE ENCONTRAMOS MUITAS RESPOSTAS

No barulho do dia a dia, nem sempre encontramos com o silêncio de que precisamos para termos mais consciência das nossas atitudes.

> **O MUNDO EXTERIOR ANDA MUITO AGITADO PARA QUE POSSAMOS ESCUTAR O SILÊNCIO DA NOSSA MENTE, DO NOSSO CORAÇÃO.**

Não estamos mais acostumados a parar e refletir sobre tudo o que está acontecendo ao nosso redor. Muitas vezes, parecemos robôs, trabalhamos e vivemos no automático, e assim a vida parece perder um pouco do seu sentido.

Podemos perceber essa falta de silêncio interior observando as estatísticas que a cada ano aumentam, como as do crescimento do número de pessoas depressivas, que procuram as drogas para esconder-se dos seus próprios problemas. Os casais já não têm mais paciência para uma DR (discutir a relação); é mais fácil apontar os defeitos do outro, deixando o amor de lado.

Percebemos também que nas escolas os alunos estão perdendo o respeito pelos seus professores. Nas empresas, os colaboradores constantemente não obedecem a seus patrões.

Podemos entender, então, que tudo isso poderia ser evitado no momento em que o ser humano pudesse voltar a ouvir o silêncio que emana do seu ser, pois, no silêncio da alma, podemos escutar as melhores respostas para as nossas angústias.

O silêncio interior tem o poder de nos transformar em pessoas melhores; afinal de contas, no barulho da vida, não conseguimos escutar a nossa própria intuição. Quanto mais bloquearmos o barulho externo, mais vamos conseguir tomar melhores atitudes na nossa vida.

Perceba que pessoas agitadas, nervosas e estressadas não gostam do silêncio; ao contrário. O silêncio as incomoda, pois ele tem um poder muito forte de nos abrir os olhos.

Por isso, tantas pessoas não gostam de ficar sozinhas para não ouvir o puxão de orelha que a sua consciência lhes dá. Mas, nos tempos de hoje, podemos voltar a ouvir o silêncio sem medo.

EXISTEM HOJE DIVERSAS FERRAMENTAS QUE NOS ACALMAM A ALMA E NOS FAZEM ENCONTRAR A NOSSA VERDADEIRA ESSÊNCIA.

Uma das técnicas mais usadas é a meditação contemplativa, aquela em que a pessoa se senta, ou mesmo se deita, num lugar confortável e silencioso e ouve uma música relaxante deixando-se guiar pelo som que invade toda a sua alma. Nesse instante, a pessoa procura não pensar em nada e apenas mergulha no seu mais profundo eu para, aos poucos, com a repetição dessa dinâmica, encontrar as respostas que estão dentro de si.

Outra maneira de silenciar a mente é quando chegamos à casa, colocamos o nosso celular num lugar e deixamos no modo silencioso, ou mesmo desligado, e, em seguida, não ligamos nenhum objeto eletrônico como televisão, rádio etc. Depois tomamos um banho diferente, ou seja, sentindo o barulho da água na pele e deixando todo o barulho da vida escorrer pelo corpo. É num momento como esse que você pode retomar o sentido da sua vida em suas mãos.

E uma das atitudes mais louváveis para silenciar o nosso eu interior é o poder da oração. Muitos estudos provam que a oração verdadeira, aquela que brota da nossa alma, tem o poder de modificar a nossa vida para uma vida muito melhor. Essa oração é diferente de outras orações repetitivas. Ela é uma oração que deve ser praticada num lugar silencioso, tranquilo, em que a pessoa possa fazer a sua prece de forma simples, direta e que tenha a ver com sua necessidade naquele momento.

E, claro, após fazer as suas orações, deixar que a mesma trabalhe em nosso interior, sem pressa, sem angústia; afinal de contas, ou acreditamos no poder das nossas preces ou não acreditamos. Simples assim.

Mas existem muitas outras maneiras de você encontrar-se com o seu interior, silenciando o seu coração. Procure ver qual a sua melhor maneira e comece a partir de hoje a encontrar-se mais consigo mesmo. Você não tem ideia do poder do silenciar para encontrar as melhores respostas para sua vida.

NÃO PODEMOS MAIS DEIXAR O BARULHO EXTERIOR CONTAMINAR A NOSSA VIDA.

Somos donos da nossa razão e da nossa emoção; portanto, vamos encontrar no silêncio as respostas que queremos para a nossa vida ser muito mais plena.

CAPÍTULO 38
DESCOMPLICANDO A PRÓPRIA VIDA

É notório que o mundo atual está complicado demais, ou pelo menos estamos complicando a nossa própria vida. Com tantas coisas para serem feitas, numa rotina altamente estressante, não é por menos que as coisas vão se complicando por si mesmas. E com isso o tempo vai passando, o estresse vai se apossando das pessoas e as doenças psicossomáticas vão surgindo de tudo que é lugar.

Manter uma rotina de vida sem se preocupar é quase que impossível nos dias de hoje. Mesmo sem querer, somos envolvidos num volume muito alto de problemas e coisas para resolver e, quando menos esperamos, a nossa vida está um verdadeiro caos.

Mas será que podemos virar o jogo? Será que ainda podemos ser felizes com tantas preocupações em mente? Será que o mundo ainda tem jeito? Ou será que nós mesmos precisamos dar um jeito no nosso próprio mundo?

COM CERTEZA, PODEMOS FAZER A NOSSA VIDA VALER A PENA.

Claro que não estaremos 100% vacinados contra os problemas diários, mas podemos administrar tudo que precisamos realizar e fazer a nossa existência ter um sentido mais harmônico.

Enquanto não tomarmos as devidas precauções para vivermos melhor, vamos simplesmente vivendo de qualquer forma e seja o que Deus quiser. Portanto, se quisermos uma vida melhor, vamos urgentemente investigar o que tanto nos tira a paz interior. Vamos procurar minimizar todos os problemas sérios que temos no dia a dia. Só assim teremos mais força e energia positiva para vencermos os obstáculos mais difíceis que encontrarmos.

NÃO PODEMOS MAIS SER COADJUVANTES DA NOSSA PRÓPRIA HISTÓRIA; PRECISAMOS SER MAIS ATUANTES DIANTE DOS DESAFIOS QUE A VIDA NOS OFERECE COTIDIANAMENTE.

Se não tomarmos providências urgentes com tudo que nos acontece, chegará um momento, se é que já não chegou, em que a vida fica totalmente comprometida e vamos viver por viver, trabalhar por trabalhar, e isso não é bom para ninguém.

O melhor mesmo que ainda podemos fazer enquanto é tempo é simplificar todas as nossas ações diárias, seja no âmbito pessoal seja profissional, pois a vida já tem suas próprias complicações. E no exato momento em que resolvemos mudar o rumo da nossa existência, vamos ver que podemos ser mais felizes mesmo com tantas dificuldades que precisamos enfrentar.

Fugir da luta, nem pensar, pois temos coragem suficiente para seguir adiante, sem medo, sem perturbação mental. Não podemos mais ficar de braços cruzados esperando as coisas melhorarem por si mesmas. Somos nós que ainda podemos dar um jeito na nossa vida. Reclamar não é, e nunca será, uma ação sensata. O melhor mesmo é agir; é mexer-se enquanto ainda temos tempo.

A palavra de ordem, então, é simplifique. Quem complica a própria vida paga um preço alto demais. Quanto mais soubermos simplificar e tirar por menos tudo que nos acontece de negativo, vamos dar um novo rumo a nossa própria jornada neste planeta.

Não podemos mais esperar; não dá mais para complicar o que já é tão complicado. O momento da ação é agora. Cada minuto vale ouro.

NÃO VAMOS DEIXAR PARA AMANHÃ A SOLUÇÃO QUE PODEMOS REALIZAR AGORA.

Tudo na vida passa; tudo é muito transitório e viver se lamentando é perda de tempo. Vamos viver o aqui e o agora. Vamos fazer a nossa vida ter mais valor. Quando? Agora. Agora. Agora. Já.

CAPÍTULO 39
DECIDINDO OS PRÓXIMOS PASSOS

Se tem uma coisa que entusiasma o ser humano é quando o mesmo tem algo importante a conquistar; afinal, são os objetivos que fazem com que a pessoa esteja sempre em movimento, sempre querendo alcançar; algo que a faça sair da cama com mais vigor e vontade de viver.

Ter uma meta a alcançar é de uma importância incrível, pois isso significa que temos desafios a enfrentar e a cada nova tarefa concluída, nossa autoestima entra em festa e a nossa vida continua tendo sentido. Bem diferente da pessoa que não tem algo em mente a ser conquistado; ela acaba vivendo por viver, trabalhando por trabalhar, horas a fio. E a vida? A vida fica para depois.

Já a pessoa que sabe o que quer e por que quer viver, vive uma vida totalmente diferente, pois sempre encontra o que fazer e não deixa a vida entrar num marasmo.

E É BOM LEMBRAR QUE DEVEMOS SEMPRE TER ALGO INTERESSANTE QUE PRECISAMOS CONQUISTAR PARA QUE NOSSA EXISTÊNCIA TENHA SENTIDO.

Uma pergunta: o que fazer depois que conquistamos os nossos desejos mais ambiciosos? A resposta é muito simples: precisamos criar novos objetivos rapidamente; caso contrário, a monotonia tomará conta da nossa vida e não é isso que queremos.

Precisamos ter sempre algo a conquistar. Por isso, se faz importante sabermos quais serão os nossos próximos passos. Seja no âmbito pessoal, profissional, financeiro, intelectual etc., precisamos elaborar novas metas para continuarmos ativos.

A cada fase da nossa vida precisamos ter algo importante para ser alcançado, pois assim teremos a alegria da conquista. É claro que nesse ínterim teremos derrotas, quedas, frustrações etc., mas não é por isso que vamos desistir; muito pelo contrário, cair de vez em quando faz parte da trajetória humana e o que não pode é passar muito tempo se lamentando pelo que perdeu, pois isso nos tira o foco do que realmente queremos para a nossa vida.

E É SEMPRE BOM LEMBRAR QUE OS ATROPELOS, QUE VEZ POR OUTRA ACONTECEM, ACABAM NOS FORTALECENDO E NOS ENSINANDO ALGO QUE AINDA NÃO SABÍAMOS.

E vale ressaltar que, quando temos algo a conquistar, estipular metas menores nos ajuda, e muito, a continuarmos a nossa caminhada com mais disciplina, determinação, ousadia, coragem, obstinação e fé, que são ingredientes altamente importantes para a nossa jornada ser bem-sucedida.

Quando estamos em busca de novas realizações, é interessante também contarmos com a ajuda de outras pessoas mais experientes que possam orientar-nos em momentos de dúvidas e angústias, pois ninguém consegue grandes objetivos na vida fazendo tudo sozinho, não é mesmo?

Nas nossas próximas conquistas também vamos precisar de boas orientações, seja por meio de um livro, de um curso técnico ou mesmo de uma pessoa que já alcançou aquilo que tanto estamos querendo. Ser humilde para pedir ajuda pode fazer toda a diferença, pois lá na frente vamos ver quantos nos ajudaram a chegar aonde tanto queríamos.

Precisamos urgentemente também estar preparados para quando o nosso plano precisar de reajustes, pois é normal que algo inesperado negativamente atrapalhe nossos projetos. Ser flexível nessa hora é algo que vai ajudar-nos a continuar firmes sem dar chance de o desânimo derrubar-nos, pois, quem não tiver certeza do propósito, vai vivendo de projeto em projeto, de sonho em sonho, e acaba não alcançando nada.

Portanto, tenhamos sempre novos horizontes a serem conquistados para que a nossa vida seja repleta de realizações. Vamos em frente. Vamos com tudo. Não vamos perder tempo com o que não vale a pena. Vamos viver o que ainda temos para conquistar. Vamos fazer a nossa vida sempre valer a pena.

QUEM TEM PROJETOS E AMBIÇÕES POSITIVAS, TERÁ SEMPRE ENTUSIASMO CORRENDO POR SUAS VEIAS.

Que venham novos projetos e novos sonhos; afinal, precisamos de motivação para sentir a vida pulsar dentro de nós.

CAPÍTULO 40
O VALOR DOS MOMENTOS

No mundo das coisas descartáveis, saber aproveitar os momentos da vida nos parece cada dia mais difícil. Com dezenas de tarefas a serem realizadas no nosso cotidiano, muitas e muitas vezes não percebemos que a vida está passando rápido demais e que não estamos sabendo aproveitar o doce sabor que é viver bem; que é viver em plenitude.

Parece que reservamos a felicidade apenas para as grandes conquistas, isto é, quando as alcançamos. E esquecemos de que todos os dias temos algo a celebrar, algo digno de valorização; só estar vivo já é motivo suficiente para dar valor à nossa existência.

Não podemos mais passar dia após dia nos frustrando porque a vida não dá trégua, ou melhor, os problemas e os desafios do trabalho não nos deixam viver.

PRECISAMOS QUEBRAR URGENTEMENTE ESSE CÍRCULO DE VIVER APENAS PARA OS AFAZERES DIÁRIOS.

Precisamos entender de uma vez por todas que a vida é muito mais do que pensamos. E um detalhe importante a considerar é que sempre estamos tendo a vida que plantamos e sempre é hora de mudarmos a nossa rotina e abraçarmos a nossa existência de uma forma mais plena, com mais significado interior.

Precisamos dar valor ao que realmente tem valor, como um abraço das pessoas que amamos, pois até isso nos foi tirado durante a quarentena por causa do Coronavírus. Há coisas no nosso dia a dia que, se prestássemos mais atenção, perceberíamos que somos mais felizes do que imaginamos ser.

Por exemplo: o simples fato de acordar e ver a luz do dia já é motivo suficiente para agradecer ao Criador pela oportunidade de vislumbrar o mundo que ele nos presenteou. Ter com que se alimentar todos os dias é outro motivo para sermos felizes, pois milhões de pessoas no mundo inteiro são privadas do básico da vida humana e nós não nos lembramos de agradecer por ter a mesa farta.

Ter um trabalho para desempenhar, amigos para conviver, um lazer para nos distrair, umas férias para descansar, entre tantos outros motivos, precisamos celebrar a vida e viver intensamente cada momento. E para que isso aconteça é simples, basta aproveitar cada instante de uma maneira nova, com mais energia, mais simplicidade e com mais intensidade.

Chega de vivermos no piloto automático. Precisamos dar valor ao que realmente tem valor. E também devemos descartar o que não nos acrescenta mais.

> **SE OBSERVARMOS MELHOR, SERÍAMOS MAIS FELIZES DANDO MAIS SIGNIFICADO ÀS COISAS SIMPLES DO NOSSO COTIDIANO, POIS FELICIDADE É CAMINHO E NÃO APENAS CHEGADA.**

Muitas pessoas vivem se queixando da vida o tempo todo, simplesmente porque desistiram de viver, ou seja, gastam muita energia negativa se lamentando o tempo todo quando algo negativo lhes acontece. E, como sabemos, aquilo que a gente foca a nossa atenção é exatamente isso que atraímos para a nossa vida.

Quem quer ser feliz de verdade, precisa mudar o foco das coisas insignificantes e começar a buscar a valorização das coisas que realmente importam. É bom lembrar que não basta querer; é preciso mais: se mexer, ou seja, quebrar paradigmas e vislumbrar a vida de uma maneira nova, atraente e com novas possibilidades de conquistas.

Importante também é ter olho clínico para encontrar a verdadeira paz interior no que realmente é essencial, pois, com tantas coisas acontecendo ao mesmo tempo, muitas vezes nos sentimos perdidos e é aí que mora o perigo. Não vamos dar brechas às coisas negativas. Vamos vigiar os nossos pensamentos e as nossas atitudes.

E VAMOS, DE UMA VEZ POR TODAS, DAR VALOR ÀS COISAS SIMPLES DA VIDA PARA SERMOS DIGNOS DE CONQUISTAS AINDA MAIORES.

Saber viver é uma arte. Viver não é fácil, mas é possível. Que nunca nos falte coragem para avançarmos rumo ao melhor que a vida pode oferecer-nos.

CAPÍTULO 41
O PODER DO AGRADECIMENTO

Diariamente, de alguma forma, estamos sempre precisando da colaboração e gentileza das pessoas e nada melhor do que ser uma pessoa agradecida, pois o Universo é sábio: quanto mais agradecemos, mais recebemos bênçãos em nossas vidas.

Mas, infelizmente, no dia a dia, quase numa forma automática, vamos vivendo, recebemos favores e nos esquecemos de agradecer, e isso é um sinal claro de ingratidão. Perceba quantas vezes você colaborou, ajudou, incentivou alguém e o mínimo que esperava era um agradecimento pelo que proporcionou, mas, ao final, nem mesmo um obrigado recebeu. Situações assim nos deixam entristecidos; não que façamos as coisas para sermos reconhecidos, de forma alguma.

Devemos fazer algo para quem quer que seja de coração aberto, mas o agradecimento é um bálsamo para a nossa autoestima. Então, mesmo que façamos algo de importante para outras pessoas e não recebamos nenhum reconhecimento, precisamos encarar isso com naturalidade e seguir em frente.

> **CONTUDO, DA NOSSA PARTE, PRECISAMOS SER MAIS AGRADECIDOS ÀS PESSOAS NO NOSSO COTIDIANO. DESSA FORMA, ESTAREMOS TREINANDO A NOSSA GENEROSIDADE E NOSSA GRATIDÃO PARA COM TODOS.**

Podemos agradecer aquele rapaz do supermercado que leva nossas compras ao carro. Aquele colega de trabalho que "quebrou" um galhão naquele dia difícil na empresa. Podemos agradecer àquele cliente que contratou seus serviços ou mesmo comprou os produtos que você vende; àquele parente que está sempre por perto quando você mais precisa; àquele líder espiritual que de vez em quando você o procura para uma conversa especial e é plenamente atendido; àquela atendente de loja em quem você confia e que está sempre pronta para satisfazer seus desejos.

Enfim, não faltam oportunidades para agradecer às pessoas por qualquer ato que somos beneficiados. E o melhor de tudo, ao ser uma pessoa agradecida, é que aumentam, e muito, as chances de quando precisarmos novamente ser atendidos sem nenhum constrangimento.

Já uma pessoa que gosta de receber favores e se esquece de agradecer, aos poucos fica sendo vista como uma pessoa mal agradecida e isso diminui bastante a chance de ser beneficiada em outros momentos. O agradecimento é algo divino. Até ao próprio Jesus, quando curou dez leprosos, apenas um voltou para agradecer. Então, quem somos nós para ficarmos esperando reconhecimento?

PRECISAMOS COLABORAR SEMPRE DE CORAÇÃO ABERTO E ALMA LIMPA, PORQUE A ALEGRIA SEMPRE É MAIOR DE QUEM PODE AJUDAR DO QUE DE QUEM É AJUDADO.

Quem colabora é porque tem como ajudar de alguma forma. E já quem recebe tem a chance de ser beneficiado por algo e também de poder agradecer. Na velocidade do mundo atual, muitas vezes nos esquecemos de agradecer os pequenos gestos que recebemos e isso acaba de certa forma deixando as pessoas tristes ou até mesmo decepcionadas com nossa ingratidão.

E para evitar que isso ocorra, é melhor prestarmos atenção a todos os detalhes e irmos treinando o nosso poder de gratidão dos gestos mais simples aos mais generosos. Uma pessoa agradecida é melhor vista e sempre muito bem-vinda.

Uma pessoa que sabe agradecer, consegue abrir mais portas e coleciona mais amigos e, sempre que precisar de algo, terá alguém por perto para ajudá-la de alguma forma. Podemos ser muito mais agradecidos a tudo e a todos.

Existe uma grande magia dentro do poder da gratidão, já que o universo vai sempre conspirar a favor daqueles que não se esquecem de agradecer, principalmente a tudo aquilo que recebem diariamente do Criador.

Quem agradece, recebe mais, vive mais e melhor e conserva a sua paz de espírito.

Agradeça sempre. Não perca uma única oportunidade de ser agradecido. Talvez você não tenha ideia do quanto será beneficiado.

CAPÍTULO 42
PERSEVERAR SEMPRE

Diariamente sempre temos novos desafios a serem vencidos. É aí que entra o poder de perseverar em tudo aquilo que nos propomos a realizar. E conseguirmos enxergar que os problemas-desafios da vida são nossos aliados. Vamos criar uma motivação extra para não desistir quando tudo parece sem solução.

Na realidade, precisamos entender que a nossa vida só tem sentido quando temos algo a conquistar e, para cada nova conquista, obstáculos naturalmente irão aparecer à nossa frente. O que não podemos é revoltarmo-nos com os problemas que acabam tirando nosso ânimo; muito pelo contrário. Devemos encarar cada desafio como algo que precisa ser conquistado e o que realmente nos inspira é sabermos que temos condições de seguir em frente, apesar das dificuldades momentâneas.

Problemas sempre existiram e existirão. Nós é que precisamos reinventar-nos e acreditar que temos condições suficientes de avançarmos com toda a nossa experiência e com toda a nossa força interior.

SE DESISTIRMOS, NÃO VAMOS SABOREAR O DOCE SABOR DA VITÓRIA.

E aqui vai uma dica especial: lembre-se de quantas coisas que no passado você julgou impossíveis de conquistar e, pelos seus próprios esforços, no final deu tudo certo e você alcançou o seu objetivo, seja passando no vestibular, naquele concurso, ou comprando aquela casa própria, o primeiro carro, aquela viagem inesquecível, e tantas outras conquistas.

Perseverar deve ser sempre a palavra de ordem para quem deseja ir mais longe. Nenhum grande desafio será conquistado do dia para a noite. A cada novo dia temos a oportunidade de seguir mais firmes. Mas e quando aquele desafio está cada vez mais difícil de ser conquistado, o que fazer? Repito, manter a perseverança fará toda a diferença. Mas para isso é preciso acreditar até o fim.

Veja quando, por exemplo, nas Olimpíadas, algum atleta brasileiro consegue uma medalha, seja de ouro, prata, seja de bronze, e quando o mesmo vai ser entrevistado sempre comenta o quanto foi difícil, o quanto teve que treinar, quantas dores musculares teve durante os quatro anos de preparação até chegar ao momento da glória de subir no pódio. Da mesma forma, é a nossa jornada aqui na Terra.

Enquanto estivermos vivos, os obstáculos naturalmente aparecerão à nossa frente e cabe a nós não desistirmos; muito pelo contrário, se desistirmos, estará tudo perdido. Coragem, determinação, força de vontade, motivação e perseverança precisam fazer parte da nossa caminhada para que possamos nos mover com mais segurança, entusiasmo, fé, clareza de objetivo e uma vontade muito forte de vencer desafio após desafio.

ACREDITAR DEVE SER A PALAVRA-CHAVE PARA QUEM ENFRENTA PROBLEMAS DOS MAIS SIMPLES AOS MAIS COMPLEXOS, ATÉ PORQUE, SE A GENTE NÃO ACREDITAR, NÃO VAI SERVIR DE NADA TENTAR ALGO NA VIDA. NÃO É MESMO?

Então, sempre que estiver diante de um novo obstáculo e que julgar como intransponível, lembre-se do quanto você é forte e o quanto já conquistou até aqui. Desistir, nem pensar. Para quem deseja ser feliz, perseverar até o fim fará toda a diferença.

Lembre-se também de que, em alguns momentos, você precisará de ajuda. Então, seja humilde e vá atrás de pessoas de bom coração que possam orientá-lo de alguma forma, pois não conseguimos ir muito longe se não formos ajudados por outras pessoas mais experientes.

A vitória sempre pertencerá a quem não desistir. O sucesso pertence aos determinados. E perseverar fará de você uma pessoa mais motivada para conquistar seus sonhos e objetivos mais ousados. Vá em frente. Siga sua intuição. Tenha fé e coragem. Cultive dentro de si uma energia extra que não o deixe desistir. E quando alcançar seus objetivos, seja sempre muito grato a quem o ajudou de alguma forma. Também se lembre de comemorar muito a cada vitória conquistada.

CAPÍTULO 43

CORAGEM PARA TOMAR DECISÕES

Vira e mexe estamos diante de um impasse que a vida nos apresenta e cabe a cada um de nós lidar com os obstáculos de maneira consciente. A cada novo problema que surge diante dos nossos olhos, mais discernimento vamos precisar ter para tomar as melhores atitudes. E, diante dos maiores problemas, vamos precisar tomar as melhores decisões possíveis.

Não adianta muito ficar se lamentando que a vida é cheia de problemas sem fim; isso não ajuda em nada. O melhor mesmo é tomar coragem e começar a agir para que os nossos problemas, dos mais sérios e complicados aos mais simples, possam ser resolvidos da melhor maneira possível.

Perceba, quantos problemas você já resolveu na vida e que julgava muitas vezes intransponíveis? É sempre muito bom lembrar que, a cada solução que encontrarmos para os desafios diários, mais amadurecidos vamos ficar.

UM PROBLEMA NADA MAIS É QUE UMA OPORTUNIDADE DE CRESCIMENTO INTERIOR.

Mas devemos ter consciência de que precisamos muitas vezes agir rapidamente para que os problemas não se acumulem e a nossa vida vire um verdadeiro dilema. O melhor mesmo é ter coragem e dividir os obstáculos em metas, ou seja, é começar a agir imediatamente quando o problema surgir; caso contrário, vamos perder a noção e, quando menos esperamos, o problema toma conta da nossa vida. Aí bate uma frustração muito grande, pois nos sentimos incapazes de encontrar qualquer solução viável.

É claro que alguns problemas resolvemos com certa facilidade; já outros precisamos usar da nossa experiência de vida e mergulhar a fundo com o intuito de encontrar a melhor solução possível. Então, o jeito é usar de bom senso e atacar o problema da melhor maneira possível.

É sempre muito interessante dividir o problema em etapas, ou seja, a cada dia fazer o que está ao seu alcance e ir resolvendo o que for viável para o momento. Também é interessante não se desesperar quando, por alguma razão, perdermos o controle da situação. Caso isso aconteça, é necessário voltarmos ao início da situação e fazer uma análise do fato que gerou o problema.

QUANDO ENTENDEMOS MELHOR O QUE ESTÁ ACONTECENDO JÁ DAMOS UM PASSO IMPORTANTE PARA A SOLUÇÃO QUE TANTO ESPERAMOS.

Por exemplo: a pessoa que acabou se endividando financeiramente precisa imediatamente tomar algumas atitudes corajosas, como: cancelar e parcelar a dívida do cartão de crédito; passar um tempo sem comprar nada que seja tido como supérfluo; caso seja necessário, pegar um empréstimo bancário com taxas menores e saldar todos os débitos possíveis e, principalmente, não fazer dívidas novas. Veja que são atitudes simples e bem objetivas que têm por finalidade saldar toda e qualquer pendência financeira existente.

Já em outros momentos, para encontrarmos a melhor solução aos nossos problemas é procurar não pensar muito nos mesmos, pois tudo aquilo que focamos regularmente tende a expandir-se. Por isso, é tão importante relaxar a mente de vez em quando, deixar a cabeça esfriar e vamos encontrando o melhor meio para agir com coragem, ousadia e determinação.

Problemas sempre teremos, mas não vamos esquecer que, com o passar dos anos, também vamos amadurecendo e seremos pessoas de atitude diante dos obstáculos da vida. Não vamos ficar de braços cruzados esperando as coisas serem resolvidas. O melhor mesmo é partir para cima e irmos tomando ciência de que algo precisa ser feito, e bem feito, para que a nossa vida siga seu rumo naturalmente, pois ficar o tempo todo remoendo o que nos acontece, além de não ajudar em nada, também atrapalha nosso poder de ação.

Com a experiência adquirida durante a vida, vamos ter mais coragem para resolver as nossas pendências com mais entusiasmo e criatividade. É aquela velha história: quem quer, vai lá e faz; quem não quer, senta e se lamenta.

Prepare-se sempre mais para todos os desafios que a vida apresentar-lhe; não tenha medo dos seus desafios. Use toda a sua coragem para enfrentar tudo com cabeça erguida. Só assim você terá muito mais chances de resolver todos os problemas que porventura possam surgir. Avante sempre com muita vontade de acertar.

CAPÍTULO 44
BOA VONTADE EM SERVIR-DOAR

Na pressa do dia a dia, nem sempre prestamos atenção nas pessoas que estão de alguma forma precisando da nossa ajuda, da nossa atenção e perdemos ótimas chances de servir ao próximo. E, quando vamos ver, já é tarde demais. Existe um poder intrínseco quando tomamos a iniciativa de prestarmos mais atenção às necessidades das pessoas com as quais convivemos rotineiramente, bem como também com aquelas que não são do nosso convívio, mas que também precisam de um apoio; uma colaboração especial.

Perceba que até mesmo na Sagrada Escritura você encontra inúmeros exemplos de pessoas que só conseguiram alcançar um estado maior de felicidade quando tomaram a atitude de colaborar mais com as outras.

INFELIZMENTE, NO NOSSO COTIDIANO, COM TANTAS COISAS PARA SEREM FEITAS, ESQUECEMOS DE EXERCITAR A SOLIDARIEDADE.

Mas se pararmos um pouco para analisar, podemos ajudar a humanidade a ser melhor se doarmos um pouco mais, seja nosso tempo, nossa atenção, nossa compreensão, bem como também ajudas materiais, como colaborar numa campanha de arrecadação de alimentos e roupas, ou mesmo financeiramente. Não importa a quantidade; o que importa mesmo é o ato de doar simplesmente e de coração aberto.

E como dizia minha querida mãe, Juracy Queiroz, a mais alegria no coração de quem doa do que de quem recebe. Sem contar que, quando fazemos algo significativo na vida de alguém, o primeiro beneficiado somos nós mesmos, pois nossa autoestima vai às alturas.

O primeiro passo para sermos pessoas mais solidárias é aproveitar toda e qualquer oportunidade de sermos mais atenciosos com as pessoas, principalmente com as mais carentes, mas isso não quer dizer que não devemos ajudar àquelas pessoas mais próximas de nós, como nossa própria família, pois costume de casa vai à praça. É preciso prestarmos atenção aos nossos filhos, enteados, marido e esposa, pais e mães, avós, e fazermos o que pudermos para mantermos o bem com a vida.

Também podemos ser solidários com colegas de trabalho, clientes, parceiros de negócios etc. Com aquele amigo ou amiga que está passando por dificuldades financeiras ou emocionais, podemos chegar juntos e colaborar de alguma maneira.

O que não podemos de jeito nenhum é achar que só podemos ajudar alguém quando todos os nossos problemas forem resolvidos. Assim, não vamos colaborar nunca com quem quer que seja. O ideal é começarmos a ajudar as pessoas de alguma maneira com os gestos mais simples, pois, se quisermos ajudar só quando realmente pudermos, repito, não vamos começar nunca.

Outra coisa interessante que aprendi na vida é que, quando nos preocupamos com os problemas dos outros, Deus se preocupa com os nossos e aí tudo vai se resolvendo.

EXPERIMENTE DAR UM TEMPO NAS SUAS DIFICULDADES, SEJAM QUAIS FOREM, E COMECE A AJUDAR O PRÓXIMO E, NATURALMENTE, VOCÊ VAI VISLUMBRAR SEUS PROBLEMAS SEREM RESOLVIDOS UM POR UM.

Existe poder em sermos pessoas solidárias, por isso precisamos fazer a nossa parte. Detalhe a considerar: tudo o que fizer por qualquer pessoa, jamais, jamais espere algo em troca, pois o Universo nos retribui de outras formas, já que quem doa esperando algo em seu favor, não está ajudando, mas vendendo algo.

A partir de hoje, faça uma espécie de planejamento de como você pode doar mais seu tempo, sua atenção e até mesmo colaborar financeiramente com alguém, pois existe magia no simples ato de doarmos algo sem esperar nada de volta. O coração da gente entra em festa quando saímos do nosso comodismo e começamos a participar mais ativamente da vida das pessoas, da nossa comunidade, da nossa igreja, das campanhas a que somos convidados a colaborar.

Talvez ainda não tenhamos a consciência divina do quão é importante colaborarmos mais, de nos doarmos mais, pois o mundo precisa da nossa ajuda, da nossa atenção, do nosso tempo. Só não colabora quem realmente não quer. Podemos fazer a nossa parte. Quando? Agora! Já! Neste momento.

Não meça esforços para ser uma pessoa solidária; você não tem ideia de como o céu entra em festa quando ajudamos alguém que precisa de nós. Só em ter algo para doarmos significa que a nossa vida já é repleta de bênçãos.

E, por fim, é importante entendermos que até mesmo uma oração que fazemos por alguém que está passando por profundas dificuldades financeiras, doenças, morte na família, separação etc., está ajudando diretamente essa pessoa, pois estamos intercedendo para que as dificuldades dela passem e a vida dela volte ao normal. Doe sem pena. Doe de coração. Faça sua parte; não espere o mundo pedir.

CAPÍTULO 45
CONFIANÇA EM SI MESMO

É inútil pensarmos em avançar na vida se não acreditamos em nós mesmos.

O primeiro passo para as grandes conquistas é desenvolver o hábito positivo de que somos capazes.

É triste quando vemos aqueles estudantes que terminam o ensino médio, cursam uma faculdade e que na hora em que precisam mostrar suas habilidades falta-lhes confiança. E como sabemos, se não acreditamos em nós mesmos, quem irá acreditar em nós?

É claro que a autêntica confiança em si mesmo se adquire com o tempo. Eu, por exemplo, era muito tímido a ponto de, na adolescência, nunca tirar uma garota para dançar, e meu pai sempre me dizia: "os tímidos demais nunca vencerão". Aí, eu pensava com os meus botões: estou ferrado.

Com o tempo, fui observando como meu pai, meus irmãos e alguns amigos se comunicavam e percebi que, de alguma forma, eu podia desenvolver melhor o poder da comunicação. Quando tinha 15 anos, ganhei um livro da minha querida irmã, Fátima Queiroz, que mudou a minha vida, pois descobri que, se eu quisesse, poderia ser uma pessoa mais confiante e, aos poucos, já era o garoto mais desenrolado da escola, da faculdade etc.

MAS, INFELIZMENTE, MUITAS PESSOAS SE FECHAM EM SEU MUNDO POR SIMPLESMENTE NÃO ACREDITAREM EM SI MESMAS E ISSO NÃO AJUDA EM NADA.

Como tudo na vida tem jeito, para ser uma pessoa mais autoconfiante é importante:

- Conviver mais perto de pessoas que têm uma autoestima elevada e aprender tudo que puder com elas.

- Ler livros a respeito do assunto: indico os clássicos *Como fazer amigos e influenciar pessoas*, de Dale Carnegie; e também o maravilhoso livro *A lei do triunfo*, de Napoleon Hill. Também indico o meu livro *Comunicação pessoal e organizacional*, que escrevi com o amigo Célio Costa.

- Assista palestras e vídeos no YouTube que tenham a ver com sua necessidade do momento. Lá, você encontrará um leque de opções.

- Quando houver oportunidade, faça outros cursos de menor duração para aperfeiçoar seus relacionamentos.

- Sempre que tiver oportunidade, participe de reuniões em que você possa expressar suas opiniões de forma eficiente.

- Se você é daquelas pessoas que têm a fisionomia um pouco "fechada", treine-se para ter um semblante mais cordial, alegre e que transmita uma boa energia para as pessoas.

Outra alternativa para desenvolver sua autoconfiança é, sempre que puder, visualize-se sendo uma pessoa prática, objetiva, falando com segurança nos seus momentos sociais. Quando exercitamos a nossa mente para aprender algo novo, ela está sempre pronta para ajudar-nos a alcançar nossos objetivos.

Uma dica importante também é procurar ser uma pessoa mais otimista, pois esta sempre acredita em si mesma e da sua boca só saem coisas boas e que geram excelentes expectativas na sua própria vida e na das pessoas com as quais lida no dia a dia.

Também cuide da sua apresentação pessoal. Vista-se de acordo com seus princípios; essa atitude irá ajudá-lo bastante a sentir-se mais confortável quando precisar fazer novas amizades, falar em público etc. Tome iniciativa; não espere as pessoas virem até você; vá até elas e se apresente e, se for o caso, ofereça-se para ajudar de alguma forma.

Assista a filmes que possam trabalhar sua própria autoestima. Existem centenas deles. Escolha com carinho e anote tudo aquilo que lhe chamou atenção e que poderá ser-lhe útil para ser uma pessoa muito mais autoconfiante.

Veja que todas essas são dicas simples que você pode ir experimentando uma a uma aos poucos e aproveitando para conhecer-se melhor. E, quando você menos esperar, estará sentindo-se mais autoconfiante, mais solto e mais de bem com a vida. E o melhor de tudo, não deixará mais as oportunidades passarem em branco.

É sempre bom lembrar que uma pessoa que confia em si mesma, nos seus talentos, nas suas habilidades, consegue melhores resultados. Tiro isso por mim. Jamais eu daria palestra por todo o Brasil para milhares de pessoas se eu não tivesse treinado o poder da autoconfiança; ainda seria uma pessoa muito tímida, acanhada e que estaria perdendo muitas alternativas de sucesso.

Acredite em você. Desenvolva sempre mais sua autoconfiança e verá sua vida ser transformada para melhor. Você pode. Você consegue. Você nasceu para ser um verdadeiro campeão.

CAPÍTULO 46
RELAXAR DE VEZ EM QUANDO FAZ BEM

Na certa, eu e você conhecemos pessoas que levam a vida muito a sério; vivem de um lado para outro sempre levando todas as preocupações do mundo nas costas. Há aquelas que vivem eternamente tensas; nunca conseguem relaxar. Essas pessoas são totalmente dominadas pelas preocupações do dia a dia.

É claro que todos nós temos as nossas ocupações e as nossas pendências para serem resolvidas e é normal que tenhamos dias pesados que nos abalem emocionalmente. Mas daí viver sempre preocupado é sinal de que algo precisa ser feito; caso contrário, vamos adoecer.

É lógico que, com tantas coisas para serem feitas, tem hora que a nossa mente parece entrar em colapso e, se não tivermos cuidado, podemos ter sérios problemas pela frente. Precisamos entender, de uma vez por todas, que a cada dia basta a sua lida, como já citado na Bíblia.

UMA MENTE QUE SÓ VIVE PREOCUPADA COM O DAQUI A POUCO NÃO CONSEGUE RELAXAR E TAMBÉM NÃO CONSEGUE TER MELHORES IDEIAS PARA RESOLVER SEUS PRÓPRIOS PROBLEMAS.

É importante termos tempo de desconcentração, ou seja, um tempo para deixar a nossa mente fluir naturalmente. Na prática, seria realizar aquilo que nos faz bem, como, por exemplo, uma caminhada, praticar meditação, assistir a um bom filme, ou a um programa de entrevistas, ir ao cinema e deixar a mente mergulhar na tela.

Outra ótima alternativa é fazer uma viagem com a família, conhecer lugares novos; tomar um banho de mar e procurar sentir o sabor natural da natureza; passear em um sítio e ler um bom livro, deixando a nossa mente descansar naturalmente e aprender algo positivo para a nossa vida. Já outras pessoas gostam de praticar algum esporte para relaxar. Algumas de Yoga, meditação ou uma super massagem relaxante. Muitas outras pessoas gostam de tocar algum instrumento e mergulham no seu próprio interior encontrando a tão desejada paz.

Veja! Ideias não faltam para quem deseja ter uma vida mais saudável em todos os sentidos. Por isso, precisamos "fugir" de vez em quando e fazer algo extremamente positivo para a nossa vida entrar no eixo e não vivermos eternamente estressados.

Grandes personalidades da humanidade, como Gandhi, Madre Tereza de Calcutá, Irmã Dulce, Nelson Mandela, os filósofos mais renomados da história e o próprio Jesus Cristo, procuraram um lugar reservado para meditar, orar e relaxar a mente para poder continuar a sua jornada da melhor maneira. Quem sabe você não está precisando disso nesse momento da sua vida?

SERÁ QUE NÃO ESTÁ NA HORA DE PROCURAR MUDAR ALGUNS HÁBITOS NEGATIVOS E ASSUMIR OUTROS HÁBITOS POSITIVOS PARA FAZER SUA VIDA E SEUS PENSAMENTOS FLUÍREM MELHOR?

Uma coisa é certa: se você continuar preocupando-se com tudo e com todos e nada fizer para mudar esse quadro, você já sabe o que pode acontecer, não é verdade? Os hospitais vivem cheio de pessoas com problemas coronais, pressão alta, aneurisma cerebral etc., simplesmente porque estavam vivendo uma vida emocional altamente tóxica.

Então, o momento de mudar de foco e começar a viver uma vida diferente é agora. Não dá mais para esperar o dia "D" para mudarmos nossos hábitos preocupantes que apenas atrasam nosso crescimento interior. É preciso uma dose extra de coragem e passar a adotar novos costumes positivos para que a nossa vida tenha mais sentido de ser. "Quem sabe faz a hora, não espera acontecer", como diz aquela canção tão famosa.

Digo mais: quem espera sempre cansa, quem age sempre conquista mais. Procure, a partir de hoje, relaxar de vez em quando. Descubra outras fontes de prazer e as pratique rotineiramente. Você talvez não tenha ideia de como a sua vida será melhor daí por diante.

Chega de tantas preocupações infundadas e de achar que todos os problemas do mundo lhe pertencem. A hora da ação é agora. O momento da mudança é JÁ! Não procrastine mais sua felicidade. Tenha coragem. Tenha mais força interior e quebre sua rotina de tanta pressão.

Relaxe! Relaxe! Relaxe! Crie a si mesmo um roteiro para relaxar a mente. Veja o que realmente lhe dá prazer positivo e invista nele. Só não vale mergulhar na bebida ou mesmo na comida para descontar seu estresse diário, isso só irá piorar sua situação.

Comece, quem sabe, mudando seus hábitos alimentares e coloque sua saúde em dia; faça um *check-up*. Enfim, faça alguma coisa para sua própria felicidade e qualidade de vida. Agindo assim, você sairá da fila tão concorrida dos estressados de plantão e entrará na fila menos concorrida dos que realmente aproveitam a vida da melhor forma possível. Faça algo diferente para si mesmo! MAS FAÇA JÁ!

CAPÍTULO 47
EXERCITANDO A PRÓPRIA FÉ

Com tantos desafios que temos no nosso cotidiano, somente a fé para manter-nos de pé e perseverantes. Mas como sabemos, nem sempre é fácil termos uma fé verdadeira que nos oriente e nos faça acreditar que nossos problemas, dos mais simples aos mais difíceis, têm solução.

A fé é feito um músculo que precisa ser treinado para ficar mais forte. Infelizmente, com tantos obstáculos que aparecem à nossa frente, esquecemos muitas vezes de ter uma fé mais verdadeira, que realmente motive e nos inspire a sermos pessoas mais confiantes.

UM DETALHE IMPORTANTE A SER CONSIDERADO QUE NÃO EXISTE É "MEIA" FÉ; OU SE TEM FÉ EM ALGO OU ALGUMA CRENÇA OU NÃO SE TEM.

E é aí que muitas pessoas vacilam e acham que têm, mas, na hora H, desistem, simplesmente porque o medo invade seus corações.

A nossa fé precisa ser autêntica; verdadeira. Quem pratica uma religião, observa nas liturgias o quanto o valor da fé é ressaltado e valorizado. Já diziam os antigos: quem tem fé, tem tudo.

Também é importante entendermos de uma vez por todas que uma pessoa que tem fé verdadeira não senta e espera o milagre acontecer; muito pelo contrário. Uma pessoa de fé está sempre em oração, mas também entra em ação, o que na prática quer dizer que uma pessoa fervorosa acredita em milagres e faz por merecer.

Muitas vezes, enfrentamos tantos problemas ao mesmo tempo que a nossa fé parece minguar. Como já mencionei aqui, a fé é feito um músculo que precisa ser treinado; caso contrário, no primeiro obstáculo, sentimos a nossa força esvair-se. Cada dia mais precisamos acreditar no poder Divino em nossas vidas; ter a certeza de que o Criador está sempre pronto para atender-nos e, principalmente, para ensinar-nos.

É importante também lembrar que muitas vezes pensamos que é por ter fé que tudo aquilo que estamos precisando vai acontecer do jeitinho que queremos. E como sabemos, não é bem assim. Fé é saber que o poder Divino vai agir à sua maneira e encontrar a melhor solução para os nossos problemas e desafios.

A nossa fé não pode ser "ditadora", que é aquela fé que queremos que tudo aconteça a nosso favor e da maneira como queremos. Se observarmos bem, nas Sagradas Escrituras, vamos entender que a fé sempre é citada e incentivada para que a nossa vida tenha mais sentido. Infelizmente, nem sempre entendemos o que a fé representa em nossa vida.

Muitas pessoas alcançam "milagres" importantes e nem se apercebem disso. Temos que observar melhor todos os problemas que temos e acreditarmos que podemos ter uma fé verdadeira que nos inspire a seguirmos em frente.

Até o mestre Jesus nos ensinou que quem tem fé é capaz de mover montanhas. E que não precisa ser uma grande fé; pode ser uma fé pequenina como um grão de mostarda. Que a partir de agora possamos desenvolvermos melhor a nossa fé. Que possamos estudar o quanto é importante termos uma fé viva, alegre e que gere uma boa expectativa.

Repito, quem tem fé, tem tudo. Então, em vez de deixar o medo tomar conta dos seus sentimentos, deixe que a sua fé remova as "montanhas" de problemas que tanto perturbam você. Inunde-se com o amor Divino, pois é ele que pode transformar sua vida.

Permita-se ser feliz. Deixe-se contaminar por uma fé autêntica, que o inspire a continuar a sua jornada com mais vigor, mais ânimo, mais vontade de vencer. Não custa lembrar que, se sua fé anda em baixa, peça ao Criador que aumente a sua fé; afinal, toda a oração feita com verdade no coração será sempre atendida.

E, por último, entenda que uma fé nunca pode ser forçada. Quem tem fé, precisa relaxar em determinados momentos e deixar que o Universo conspire a seu favor, pois de nada adianta achar que tem fé e continuar sofrendo, se amargurando com a situação difícil que você está enfrentando.

Nunca é tarde para trabalharmos em seu interior o poder da fé, pois dependemos muito dela para viver em plenitude. E a melhor fé que podemos ter é aquela que nos mantém firmes nos nossos propósitos de vida.

CAPÍTULO 48
COMO SER MAIS ALTRUÍSTA

O Rotary Club é uma entidade de classe centenária e foi lá que aprendi muito sobre o lema "Dar de Si Antes de Pensar em Si". Quando falamos de altruísmo, estamos falando de alguém que sempre está pensando em ajudar o próximo; que tem como missão de vida fazer algo que proporcione uma melhor qualidade de vida para a sociedade como um todo.

UMA PESSOA ALTRUÍSTA NÃO PENSA SÓ EM SI; SÓ NOS SEUS PROBLEMAS.

Ela se dispõe a colaborar de forma contundente para muitas vezes amenizar o sofrimento de outras pessoas. Sempre importante lembrar que, para sermos pessoas mais altruístas, precisamos nos colocar no lugar do outro, gerarmos mais empatia, ouvir com mais atenção e carinho, ser solidário quando o outro mais precisa, ficar feliz com a conquista das pessoas em sua volta, não ficar julgando, não discriminar ninguém, fazer-se presente na vida das pessoas, participar de campanhas de arrecadação, doar um pouco do nosso tempo para quem estar precisando do nosso apoio.

Existem muitas maneiras de colaborarmos com as pessoas. Basta ficarmos de olhos e mentes bem abertos para enxergarmos a necessidade do nosso próximo. E se tem algo que eleva a nossa própria autoestima é quando saímos do nosso comodismo e vamos ao encontro de outras pessoas com o intuito genuíno de ajudarmos sem esperar nada em troca.

Mas precisamos fazer tudo isso de coração aberto, com espírito alegre. Podemos, e devemos, ajudar as pessoas sem a necessidade de propagarmos as nossas ações solidárias, pois agindo assim estaríamos sendo levianos com a nossa própria reputação.

Precisamos compartilhar, seja o nosso tempo, nossas ideias ou até mesmo uma ajuda financeira, tudo isso no silêncio do nosso coração, como diz o dito popular: dar com uma mão para que a outra não veja.

No mundo atual, onde o egoísmo toma conta de muitos, ser uma pessoa altruísta, que está sempre pensando em como colaborar com alguém, pode fazer a diferença na vida de muitos outros indivíduos. Por isso, precisamos encontrar sempre um meio de ir ao encontro do próximo; daquela pessoa que passa por uma situação difícil, que no momento está precisando de apoio, atenção, carinho.

Não custa nada lembrar que há mais alegria em quem doa do que em quem recebe. E perceba no seu dia a dia quantas oportunidades você tem de fazer algo especial para alguém.

Pode ser alguém da sua família, do seu trabalho, da sua comunidade, ou mesmo pessoas que você não conhece e que estão precisando do seu apoio.

Ao enxergarmos a necessidade do outro, esquecemos um pouco dos nossos problemas, pois, quando estamos com a cabeça cheia de dificuldades, ficamos cegos para a sociedade como um todo.

Podemos entender também que ajudar alguém é um ato de amor e muitas vezes de compaixão, pois o mundo passa por tantas aflições que, se fizermos a nossa parte, estaremos deixando o nosso espírito mais leve e com o sentimento de dever cumprido.

Que a partir de hoje possamos ficar de olhos bem abertos para encontrarmos oportunidades de exercitarmos o nosso altruísmo, sempre com o intuito de diminuir a dor de alguém. Que possamos, também, manter o nosso semblante sereno, onde as pessoas a nossa volta encontrem um ombro amigo e alguém disposto a colaborar.

Saiamos do nosso comodismo e vamos ao encontro daqueles que mais precisam do nosso apoio. Talvez ainda não tenhamos ideia de como nos sentimos bem no simples ato de ajudar, repito, sem esperar nada em troca; colaborar por colaborar. Mas não nos esqueçamos de que dentro da nossa própria casa, em nossa própria família, também podemos exercitar a nossa solidariedade simplesmente estando presentes na dificuldade dos nossos entes queridos.

Inclua na sua lista de altruísmo aquele amigo que passa por dificuldades financeiras, aquele outro que está passando por um processo de separação, aquele que perdeu um emprego ou que viu seu negócio falir, aquele outro que está sem rumo na vida, aquela sua amiga que perdeu uma pessoa querida e está de luto precisando muito de um apoio emocional. Enfim, não falta gente para ajudarmos de alguma forma.

E aqui vai uma observação especial: quando a ajuda for financeira, faça isso de coração; não cobre mais tarde a quem você ajudou; oferte simplesmente por ofertar e abençoe aquela pessoa em especial: sua recompensa será divina e não daqui da Terra.

Sejamos cada dia mais altruístas, pessoas que ajudam outras pessoas que precisam. Esse deve ser o lema não só do Rotary Club, mas também para todos nós: DAR DE SI, ANTES DE PENSAR EM SI.

MENSAGEM FINAL

Fico muito feliz por você ter lido esse livro até o fim. Foi uma jornada e tanto hein? Aqui você encontrou dicas, reflexões e uma motivação extra para continuar o seu lindo viver da melhor forma possível. Portanto, sempre que precisar, volte a ler este livro todo novamente ou, então, procure um capítulo ao qual esteja mais precisando de um *insight* em sua vida.

Jamais esqueça de que a vida apresentar-lhe-á obstáculos e grandes desafios, mas cabe a você reinventar-se sempre e seguir mais determinado do que nunca.

Valorize tudo que já conquistou na vida e que estas mesmas conquistas lhe sirvam de uma motivação extra na sua caminhada dia após dia. Seja sempre muito agradecido a Deus por sua existência; afinal, sem Ele não somos nada. Não é mesmo?

Faça o seu melhor. Recuse-se viver pela metade e com a cabeça cheia de problemas. A vida é mais e você pode muito mais.

E, por último, lembre-se: existe sempre UMA NOVA MANEIRA DE VER A VIDA.

Ah, deixo aqui o meu *e-mail* para que você possa comentar comigo o que achou deste livro e se o mesmo o ajudou em algo. Conte-nos a sua história. Anote aí eugeniosq@hotmail.com e este é o meu site: www.eugeniosales.com.br para você melhor conhecer os meus trabalhos de palestrante e escritor.

E se realmente gostou das orientações encontradas aqui, tire uma foto do livro e publique nas suas redes sociais com a #umanovamaneiradepensaravida ou #eugeniosalesqueiroz; afinal, outras pessoas podem estar precisando de uma inspiração a mais em suas vidas e você estará compartilhando uma energia forte para seus contatos. Claro que você também pode indicar para seus familiares, amigos etc.; ficarei eternamente grato por seu gesto para com o meu trabalho.

Também informo que o tema deste livro UMA NOVA MANEIRA DE PENSAR A VIDA! é de palestra e você pode contratar para seus colaboradores ou para o próximo evento que promover por meio de meus contatos que estão neste livro.

Termino agradecendo-lhe de todo coração por acompanhar-me até aqui e desejo todas as bênçãos do mundo em sua vida. Você merece todo o sucesso! Você merece ser feliz! Você pode sim pensar sua vida de uma forma diferente.

Grande abraço e que o Espírito Santo o inspire a cada dia da sua vida. Valeu!!!

BIBLIOGRAFIA

ACHOR, Shawn. *O jeito Harvard de ser feliz*. São Paulo: Benvirá, 2010.
AMURI, Eduardo. *Finanças para autônomos*. São Paulo: Benvirá, 2019.
BEM-SHAHAR, Tal. *Seja mais feliz*. São Paulo: Planeta do Brasil, 2007.
CARNEGIE, Dale. *Como se tornar inesquecível: os dez elementos essenciais para ser sempre lembrado*. São Paulo: Nacional, 2017.
COVEY, R. Stephen. *Os 7 hábitos das pessoas altamente eficazes*. BestSeller, 2019.
DALIO, Ray. *Princípios*. Rio de Janeiro: Intrínseca, 2017.
EFFRON, Mar. *8 Passos para uma alta performance*. São Paulo: Benvirá, 2018.
GAZIRI, Luiz. *A ciência da felicidade*. São Paulo: Faro, 2019.
GESSINGER, Humberto. *Pra ser sincero 123 variações sobre o mesmo tema*. LP, Rio Grande do Sul, 2009.
HILL, Napoleon. *A lei do triunfo*. 51. ed. José Olympio, 2019.
JOLEN, Sam. *Faça suas próprias leis*. São Paulo: Gente, 2018.

LIMA, Wallace. *Dê um salto quântico na sua vida*. São Paulo: Gente, 2017.

MARQUES, José Roberto. *Seja a solução dos seus problemas*. São Paulo: Planeta do Brasil, 2019.

MARTINS, Vera. *O emocional inteligente*. Rio de Janeiro: Alta Books, 2015.

QUEIROZ, Eugênio Sales. *Em busca da excelência profissional*. São Paulo: Madras, 2017.

ROBBINS, Tony. *Poder sem limites.* Rio de Janeiro: Best Seller, 2018.

ROBERTON, Donald. *Resiliência*. Citadel Grupo, 2012.

SUPERTI, Pedro. *Ouse ser diferente*. São Paulo: Buzz, 2020.

VÁRIOS AUTORES. *Segredos da alta performance*. Literare Books International, 2018.

WILLIS, Ethan; GARN, Randy. *Prosperidade: crie a vida que você deseja*. Rio de Janeiro: Alta Books, 2012.

Este livro foi composto nas tipologias Noto Sans Condensed e BigNoodleTitling Regular. Impresso pela gráfica Impressul em novembro de 2020.